La mejor cocina

Tapas

p

NOTA

Se considera que 1 cucharadita equivale a 5 ml y una cucharada a
15 ml. Si no se indica otra cosa, la leche será siempre entera, los huevos
y las verduras u hortalizas, por ejemplo las patatas, de tamaño medio,
y la pimienta, pimienta negra recién molida.

Los tiempos de cocción de cada receta son sólo orientativos porque
pueden variar según el tipo de horno o cocina utilizado.

Las recetas que llevan huevo crudo o muy poco cocido no son indicadas
para los niños muy pequeños, los ancianos, las mujeres embarazadas,
las personas convalecientes y cualquiera que sufra una enfermedad.
Los cacahuetes y sus productos derivados no son aconsejables para
las mujeres embarazadas o lactantes.

Índice

Introducción

En España existe una gran afición por las tapas.
El origen de esos platillos es incierto, aunque
según una leyenda la primera tapa se preparó
para Alfonso X el Sabio, rey de Castilla, en el
siglo XIII. Aquejado de una enfermedad, el rey
debía tomar entre comidas pequeños bocados

acompañados de vino. Tras su recuperación, dispuso que no se sirviera vino
en los mesones sin acompañarlo de algo sólido.

Sin embargo, la mayoría de la gente cree que es Andalucía, y no Castilla,
la cuna de las tapas. En esa emblemática región de la viticultura española,
servir una copa de vino con un platito encima con una rebanada de pan con
jamón o queso, o bien con una ración de cualquier tipo de comida, se
convirtió en una costumbre. Esa «tapa», en el sentido literal de «tapadera»,
tenía la función de impedir que las moscas o el polvo entraran en el vaso de
vino. Así fue como a esos platillos se les dio el nombre de «tapa». A partir
de ese origen, las tapas se fueron extendiendo por todo el país y hoy día son
famosas en el mundo entero.

Las tapas se han convertido en estandarte de la gastronomía española. Se suelen servir en los bares como aperitivo, acompañadas de una copa de vino, cerveza o sidra: la forma perfecta de relajarse entre amigos al terminar la jornada laboral. Y, por qué no, las tapas también pueden constituir una comida completa. Las tapas abarcan muchos tipos de picoteo, desde sencillas aceitunas o frutos secos hasta pinchos, gambas rebozadas o buñuelos. Y por otra parte están las llamadas «raciones», porciones más grandes de guisos que pueden ser la base de una comida sólida.

Existe un gran número de tapas, reflejo de la variedad de tradiciones culinarias de las distintas regiones de España. Este libro presenta una selección de algunos de los platos más famosos, como la clásica tortilla de patatas (página 100) o el pan con tomate (página 240), e infinidad de especialidades regionales, como las papas arrugadas con mojo picón (página 24), plato típico de las islas Canarias, o la tradicional *esqueixada* catalana, una ensalada de bacalao desmigado (página 124).

Las tapas han dejado de ser patrimonio exclusivo de España para dejarse ver y probar en numerosos bares y restaurantes de tapas en ciudades cosmopolitas de todo el mundo. También es cada vez más habitual prepararlas y comerlas en casa.

Buena parte del atractivo de las tapas se debe a que suponen una de las formas más sociales de comer con los amigos y la familia, sobre todo cuando se convierten en una comida completa y se comparten varios platos entre los comensales. El hecho de poder comer tantos platos fríos y calientes al mismo tiempo las convierte en una de las experiencias gastronómicas más eclécticas. Cuando se come a base de tapas se puede tomar un bocado de pescado antes de probar una empanadilla de chorizo, todo ello acompañado de una copa de vino y unas aceitunas adobadas. Déjese llevar por la imaginación y prepare con la ayuda de este libro las tapas que mejor le parezca que puedan combinar.

Ingredientes clave

Queso

En España se elaboran muchos tipos de quesos, pero la mayoría sólo se encuentran en su región de origen. El queso manchego, elaborado con leche de oveja, es probablemente el más conocido y habitual. En las recetas de este libro se usan muchos quesos españoles, pero también se sugieren otros más comunes por los que se pueden sustituir.

Chorizo

El chorizo es uno de los embutidos españoles más conocidos fuera del país. Se elabora con carne de cerdo sazonada con pimentón, y puede ser ahumado o no. Hoy día lo hay bajo en grasa.

Ajo

El ajo es un ingrediente básico de la cocina española. Las cabezas de ajo se tienen que guardar en un lugar fresco y seco. Y una vez separado un diente de ajo, hay que consumir el resto en unos 10 días, antes de que se sequen. Cuando compre ajos, compruebe que estén duros y que tengan la piel lisa y blanca.

Jamón

En España se elabora jamón hace más de 2.000 años. La calidad del producto depende de varios factores. Los mejores jamones, los más caros, se suelen cortar a mano. El jamón se puede servir sin más como tapa, pero si es muy tierno se puede freír. El llamado «jamón serrano» es el que madura de forma tradicional en regiones de montaña. Son jamones curados con sal que se dejan secar al aire.

Aceite de oliva

España es el principal productor mundial de aceite de oliva, producto básico de la cocina del país. El aceite de oliva de mejor calidad es el virgen extra, procedente de la primera presión en frío de las aceitunas. Se suele reservar para aliñar y macerar alimentos. Después viene el aceite virgen, y finalmente los refinados y las mezclas. Los que se suelen exportar son sobre todo los de mejor calidad.

Aceitunas

Las aceitunas son un producto básico para picar, sobre todo en regiones productoras como Andalucía o la Cataluña sur. Las distintas variedades se encurten con distintos adobos, a veces se rellenan, por ejemplo, de anchoa o pimiento, y también se usan para elaborar platos guisados. Más de la mitad de las 50 variedades de aceitunas comestibles producidas en España proceden de Andalucía.

Pimentón

El pimentón, un polvo fino procedente de la molienda de ciertas variedades de pimientos rojos secos, existe en los tipos dulce y picante y aporta un sabor característico.

Recetas básicas

patatas fritas

PARA 6 PERSONAS

1 kg de patatas sin pelar

aceite de oliva

sal marina

1 Limpie bien las patatas, séquelas y córtelas en trozos grandes.

2 Vierta 1 cm de aceite de oliva en una o dos sartenes de base gruesa, ponga un trozo de patata y caliéntelo a fuego medio hasta que empiece a chisporrotear. Añada el resto de las patatas sin llenar demasiado la sartén y fríalas durante 15 minutos, o

hasta que estén doradas y tiernas. Si es necesario, fríalas en tandas, pero reserve bien calientes las que vaya sacando de la sartén.

3 Con una rasera, coloque las patatas en una fuente cubierta con papel de cocina doblado para que absorba el exceso de aceite. Esparza sal marina. Sírvalas de inmediato.

salsa de tomate y pimiento

PARA OBTENER 700 ml

4 cucharadas de aceite de oliva

10 dientes grandes de ajo

140 g de chalotes troceados

4 pimientos rojos grandes, sin
  semillas y troceados

1 kg de tomates frescos maduros
  o 1,250 kg de tomates en
  conserva de buena calidad,
  troceados

2 tiras finas y recién cortadas de
  piel de naranja

copos de guindilla roja al gusto
  (opcional)

sal y pimienta

1 Ponga el aceite de oliva en una cazuela y caliéntelo a fuego medio. Añada el ajo, los chalotes y el pimiento y fríalo todo durante 10 minutos, removiendo de vez en cuando, hasta que el pimiento se ablande pero sin que llegue a dorarse.

2 Añada el tomate, con el jugo si es en conserva, la piel de naranja y los copos de guindilla (opcional) y salpimiente a su gusto. Llévelo a ebullición. Reduzca el fuego y déjelo hervir al mínimo, sin tapar, durante 45 minutos o hasta que se evapore el agua y la salsa se espese.

3 Pase la salsa por el chino. Si lo prefiere, tritúrela con un robot de cocina y pásela por un colador fino oprimiendo con una cuchara de madera. Pruébela y rectifíquela de sal y pimienta si lo cree conveniente. Sírvala de inmediato o consérvela bien tapada hasta tres días.

Verduras
y hortalizas

Las recetas de este capítulo son una mezcla de preparaciones con verduras y vegetarianas que constituyen platos deliciosos por sí solos pero también pueden ser perfectas para servir con otras de las tapas de este libro. Encontrará platos a base de patata, como las patatitas con alioli (página 12) o las clásicas patatas bravas (página 15).

Seguro que también le apetecerá probar, por ejemplo, los tomatitos rellenos (página 38), o preparar otras sugerencias más sustanciosas, como el calabacín con queso y vinagreta (página 43) o un surtido de sabrosas ensaladas.

patatas a la campesina

para 4 personas

2 cucharadas de aceite de oliva

500 g de patatas nuevas pequeñas,
   partidas por la mitad

1 cebolla cortada en rodajas

1 pimiento verde, sin semillas
   y cortado en rodajas

1 cucharadita de guindilla molida

1 cucharadita de mostaza

300 ml de tomate trituado de lata
   a las hierbas

300 ml de caldo vegetal

sal y pimienta

perejil picado, para adornar

1 Caliente el aceite en una sartén
   grande de base gruesa. Añada
las patatas y la cebolla y sofríalas,
removiendo a menudo, durante 4 o
5 minutos o hasta que la cebolla esté
blanda y transparente.

2 Añada las rodajas de pimiento,
   la guindilla molida y la mostaza
y fríalo 2 o 3 minutos más.

3 Vierta el tomate y el caldo vegetal
   en la sartén y llévelo a ebullición.
Reduzca el fuego y déjelo cocer
durante 25 minutos, o hasta que las
patatas estén tiernas. Salpimiente
al gusto.

4 Ponga las patatas en una fuente
   caliente. Espolvoree con el perejil
picado y sírvalas inmediatamente.

5 Si lo prefiere, deje que las patatas
   se enfríen y sírvalas a temperatura
ambiente.

patatas nuevas con salsa picante

para 4-6 personas

450 g de patatas nuevas, sin pelar

2 dientes de ajo picados

2 guindillas rojas secas, ligeramente
    majadas

1 cucharada de pimentón dulce

2 cucharadas de vinagre de jerez

150 ml de aceite de oliva y sal

1 Ponga las patatas en una vaporera colocada encima de una olla con agua hirviendo. Tápelas y cuézalas al vapor durante 30 minutos, o hasta que estén tiernas.

2 Mientras tanto, prepare la salsa. Ponga los ajos, las guindillas y el pimentón dulce en el mortero y májelo todo hasta obtener una pasta. Sazone con sal, vierta poco a poco el vinagre y remueva. Haga lo mismo con el aceite, hasta que la salsa quede ligada.

3 Ponga las patatas en platos precalentados y sírvalas de inmediato. La salsa picante se sirve aparte.

VARIACIÓN

Si lo desea, puede sustituir las guindillas secas por una guindilla roja fresca picada. Añádala a la salsa al final del paso 2.

patatitas con alioli

para 6-8 personas

450 g de patatas nuevas pequeñas
1 cucharada de perejil picado
sal

ALIOLI

1 yema de huevo grande,
   a temperatura ambiente
1 cucharada de vinagre de vino
   blanco o zumo de limón
2 dientes grandes de ajo pelados
5 cucharadas de aceite de oliva
   virgen extra
5 cucharadas de aceite de girasol
sal y pimienta

1 Para hacer el alioli, ponga la yema de huevo, el vinagre, los ajos y sal y pimienta a su gusto en el recipiente de una batidora y tritúrelo. Con el aparato en marcha, vaya vertiendo el aceite de oliva muy despacio. A continuación, vierta el aceite de girasol, primero gota a gota y cuando la salsa se empiece a espesar en un chorrito lento y continuo, hasta obtener una consistencia espesa y fina. Si lo prefiere, haga el alioli en un mortero.

2 En este caso el alioli tiene que ser un poco más líquido de lo normal para poder untar bien las patatas. Para conseguirlo, añada 1 cucharada de agua a la salsa.

3 Para preparar las patatas, si son de un tamaño que no permita comérselas de un bocado, córtelas por la mitad o en cuatro trozos. Coloque las patatas en una cazuela con agua fría y ligeramente salada y llévelas a ebullición. Reduzca el fuego y hiérvalas durante 7 minutos, o hasta que estén tiernas. Escúrralas bien y póngalas en una fuente.

4 Mientras las patatas aún estén calientes, vierta el alioli por encima removiendo con cuidado. Déjelas reposar durante 20 minutos. Las patatas absorberán así el sabor del ajo.

5 Pase las patatas con alioli a una fuente templada. Espolvoréelas con perejil y sal a su gusto y sírvalas calientes. Si lo prefiere, puede preparar el plato con antelación y conservarlo en el frigorífico, pero antes de servirlas deje las patatas un rato a temperatura ambiente.

patatas envueltas en jamón

para 4 personas

12 patatas nuevas, sin pelar

2 cucharadas de aceite de oliva

12 lonchas de jamón serrano

sal

1 Precaliente el horno a 200 °C. Ponga las patatas en una vaporera colocada encima de una olla con agua hirviendo. Tápelas y deje que se cuezan al vapor durante 30 minutos o hasta que estén tiernas. Retírelas del fuego y deje que se enfríen un poco.

2 Vierta el aceite de oliva en una fuente para el horno. Envuelva cada patata en una loncha de jamón y colóquelas en la fuente en una sola capa. Áselas en el horno, dándoles la vuelta de vez en cuando, durante 20 minutos.

3 Disponga las patatas en platos precalentados, rectifíquelas de sal y sírvalas inmediatamente, o bien deje que se enfríen un poco.

SUGERENCIA

Para que se cuezan de forma regular, trate de escoger patatas de un tamaño parecido.

patatas bravas

para 6 personas

patatas fritas según la receta de
  la página 7
alioli según la receta de la página 12
ACEITE PICANTE
150 ml de aceite de oliva
2 guindillas rojas frescas, cortadas
  por la mitad a lo largo
1 cucharadita de pimentón picante

1 Para hacer el aceite picante, caliente el aceite de oliva con las guindillas a fuego fuerte hasta que empiecen a chisporrotear. Retire la sartén del fuego y añada el pimentón. Mezcle bien. Deje enfriar el aceite picante y luego póngalo en una salsera. No lo cuele.

2 Mientras esté friendo las patatas, vaya preparando el alioli.

3 Para servirlas, divida la patatas en 6 raciones y ponga una cucharada de alioli en cada plato. Rocíelas con aceite picante y sírvalas calientes o a temperatura ambiente. Lleve palillos a la mesa.

SUGERENCIA

Encontrará tantas recetas «auténticas» de este plato como cocineros hay en España: a veces las patatas se fríen con más aceite en una freidora y el alioli y el aceite picante se mezclan para obtener una sola salsa.

patatas a la pimienta

para 6-8 personas

900 g de patatas nuevas, sin pelar

125 ml de aceite de oliva

1 cucharada de vinagre de jerez

1 cucharada de pasta de tomates secados al sol

1 cucharadita de pimentón dulce

1 pizca de cayena molida, sal

1 Ponga las patatas en una olla grande con agua ligeramente salada y llévelas a ebullición. Reduzca el fuego, tápelas y cuézalas de 15 a 20 minutos o hasta que estén tiernas. Escúrralas y déjelas enfriar.

2 Mientras tanto, prepare la salsa. Mezcle 5 cucharadas de aceite de oliva, el vinagre, la pasta de tomate, el pimentón y la cayena en un bol grande, sazónelo a su gusto con sal y resérvelo.

3 Caliente el resto del aceite en una sartén de base gruesa. Corte las patatas en cuatro trozos y fríalas. Si es necesario, hágalo en tandas. Fríalas a fuego medio, removiendo de vez en cuando, de 8 a 10 minutos o hasta que estén doradas y crujientes. Retírelas de la sartén con una rasera y póngalas en el bol de la salsa.

4 Cuando haya frito todas las patatas, mézclelas con la salsa y sírvalas de inmediato en platos calientes.

patatas fritas con pimentón

para 6 personas

3 cucharaditas de pimentón dulce

1 cucharadita de comino molido

$^1/_4$ - $^1/_2$ cucharadita de cayena molida

$^1/_2$ cucharadita de sal

450 g de patatas pequeñas con
 la piel

aceite de girasol, para freír

unas ramitas de perejil, para
 adornar

alioli (véase página 12), opcional

1 En un bol pequeño, mezcle bien el pimentón, el comino, la cayena y la sal. Resérvelo.

VARIACIÓN

Prepare las patatas como indica la receta y rocíelas con la salsa picante de los buñuelos de queso (página 112), o sirva la salsa aparte para mojar las patatas. Esta es otra versión de las famosas patatas bravas.

2 Corte las patatas en ocho gajos gruesos. Vierta dos dedos de aceite de maíz en una sartén de base gruesa. Caliéntelo y fría las patatas, en tandas de una sola capa, durante 10 minutos o hasta que estén bien doradas. Deles la vuelta de vez en cuando. Retírelas de la sartén con una rasera y deje que se escurran sobre papel de cocina.

3 Coloque las patatas en un cuenco grande y, mientras estén aún calientes, espolvoréelas con la mezcla de pimentón, removiéndolas con suavidad para que queden sazonadas por igual.

4 Sírvalas en una fuente grande y caliente, en boles más pequeños o en platos individuales, calientes y adornadas con ramitas de perejil. Si lo desea, sirva aparte alioli para acompañar.

ensalada tibia de patatas

para 4-6 personas

175 ml de aceite de oliva

450 g de patatas mantecosas,
  cortadas en rodajas finas

50 ml de vinagre de vino blanco

2 dientes de ajo picados

sal y pimienta

SUGERENCIA

Si desea servir esta ensalada en
una fuente con distintas tapas,
combínela con otros platos
calientes o déjela enfriar.

1 Caliente 50 ml del aceite en una sartén de base gruesa. Añada las patatas y sazónelas con sal. Fríalas a fuego lento, agitando la sartén de vez en cuando, durante 10 minutos. Deles la vuelta y fríalas 5 minutos más o hasta que estén tiernas, pero sin que lleguen a dorarse.

2 Mientras se fríen las patatas, vierta el vinagre en un cazo pequeño. Añada el ajo y sazónelo a su gusto con pimienta. Llévelo a ebullición y después mézclelo con el aceite de oliva restante.

3 Coloque las patatas en un bol junto con el aliño y remueva con suavidad. Déjelo reposar durante 15 minutos. Sirva las patatas calientes, en platos individuales.

ensaladilla rusa

para 6 personas

2 huevos

450 g de patatas nuevas pequeñas, en cuartos

115 g de judías verdes finas, cortadas en trozos de 2,5 cm

115 g de guisantes congelados

115 g de zanahorias

200 g de atún en aceite de oliva, escurrido

8 cucharadas de mayonesa

2 cucharadas de zumo de limón

1 diente de ajo picado

4 pepinillos cortados en rodajas

8 aceitunas negras sin hueso, partidas por la mitad

1 cucharada de alcaparras

1 cucharada de perejil picado

1 cucharada de eneldo fresco picado y unas ramitas para adornar

sal y pimienta

1 Ponga los huevos en un cazo, cúbralos con agua fría y llévelos a ebullición. Cuando el agua hierva, reduzca el fuego al mínimo, tape el cazo y cueza los huevos durante 10 minutos. Tan pronto como estén cocidos, escúrralos y enfríelos con agua fría. Así evitará que se forme un círculo negruzco alrededor de la yema. Golpee suavemente los huevos para resquebrajar la cáscara y déjelos enfriar del todo.

2 Mientras tanto, ponga las patatas en una olla con agua fría con sal y llévelas a ebullición. Cuando el agua hierva, reduzca el fuego y cueza las patatas durante 7 minutos o hasta que estén tiernas. Cuando falten dos minutos para finalizar la cocción, añada las judías y los guisantes. Escurra las hortalizas, aclárelas con agua fría y déjelas enfriar.

3 Corte las zanahorias en tiras de 2,5 cm de largo. Separe el atún en trozos grandes. Cuando las patatas, las judías y los guisantes estén fríos,

póngalos en un bol grande. Añada las tiras de zanahoria y los trozos de atún y mezcle todos los ingredientes. Pase la mezcla a una ensaladera o una fuente.

4 En un cuenco aparte, añada el zumo de limón a la mayonesa para afinarla un poco. Agregue el ajo y salpimiente al gusto la salsa. Aliñe con ella la ensaladilla.

5 Esparza los pepinillos, las aceitunas y las alcaparras por encima de la ensaladilla y, por último, espolvoréela con el perejil y el eneldo. Puede guardarla en el frigorífico, pero antes de servirla déjela un rato a temperatura ambiente. Justo antes de servirla, pele los huevos duros, córtelos en gajos y póngalos por encima. Adorne la ensaladilla con ramitas de eneldo.

gajos de patata con salsa de ajos asados

para 8 personas

1¹/₄ kg de patatas, sin pelar y
   partidas por la mitad

2 cucharadas de aceite de oliva

1 diente de ajo picado

2 cucharaditas de sal

SALSA DE AJOS ASADOS

2 cabezas de ajos, con los dientes
   separados

1 cucharada de aceite de oliva

5 cucharadas de nata agria o de
   yogur natural

4 cucharadas de mayonesa

pimentón dulce al gusto, sal

VARIACIÓN

También puede servir los gajos de
patata con alioli (véase página 12),
o, si tiene prisa, simplemente con
una buena mayonesa.

1 En primer lugar, prepare la salsa de ajos asados. Precaliente el horno a 200 °C. Coloque los dientes de ajo en una fuente para el horno, vierta el aceite de oliva y remuévalos para que queden bien untados. Distribúyalos en una sola capa y áselos al horno durante 25 minutos o hasta que estén tiernos. Sáquelos del horno y déjelos reposar hasta que se enfríen un poco.

2 Pele los dientes de ajo, póngalos en una tabla de madera y espolvoréelos con un poco de sal. Cháfelos bien, hasta obtener una pasta suave. Pásela a un bol y añádale la nata agria y la mayonesa. Sazone la salsa a su gusto con sal y pimentón dulce. Tape el bol con film transparente y déjelo en el frigorífico hasta la hora de servir las patatas.

3 Para hacer las patatas, corte cada mitad en tres gajos y colóquelos en una fuente. Añádales el aceite de oliva, el ajo y la sal y remueva bien. Pase las patatas a una fuente para el horno, dispóngalas en una sola capa y áselas entre 1-1¹/₄ horas o hasta que estén doradas y crujientes.

4 Retírelas del horno y sírvalas de inmediato en boles individuales. Sirva la salsa aparte.

papas arrugadas con mojo picón

para 4-6 personas

70 g de sal marina

24 patatas rojas nuevas, sin pelar
   y enteras

MOJO PICÓN

40 g de miga desmenuzada de pan
   del día anterior

2 dientes grandes de ajo

$1/2$ cucharadita de sal

$1^{1}/_{2}$ cucharadas de pimentón picante

1 cucharada de comino molido

unas 2 cucharadas de vinagre
   de vino tinto

unas 5 cucharadas de aceite
   de oliva virgen extra

2 pimientos del piquillo
   (véase página 160), escurridos

1 Ponga en una olla unos dos dedos de agua con la sal marina. Añada las patatas y remueva bien. No hace falta que queden completamente cubiertas de agua. Coloque un paño de cocina limpio por encima de las patatas y llévelas a ebullición. Reduzca el fuego y cuézalas durante 20 minutos o hasta que estén tiernas. No deje que se rompan.

2 Retire el paño, escurra las patatas y vuelva a ponerlas en la olla. Cuando el paño se haya entibiado, escurra el agua salada que contenga sobre la olla. Póngala a fuego lento y sacúdala de vez en cuando para que las patatas se sequen y queden recubiertas de una fina capa blanca. A continuación, apártelas del fuego.

3 Mientras tanto, haga el mojo picón. Ponga la miga de pan en un bol y cúbrala con agua. Deje que se ablande 5 minutos. Con las manos, escúrrala. Maje los ajos y la sal en el mortero hasta obtener una pasta. Añada el pimentón y el comino. Ponga esa pasta en el recipiente de una batidora con 2 cucharadas de vinagre y tritúrelo. Añada el pan y 2 cucharadas de aceite de oliva y vuelva a triturarlo.

4 Con la batidora en marcha, incorpore los pimientos, uno a uno, y tritúrelo todo hasta obtener una salsa. Si es necesario, añada aceite de oliva hasta que la salsa sea suave y espesa. Pruébela, rectifíquela de sal y especias y añádale vinagre si lo cree conveniente.

5 Cuando vaya a servir el plato, corte las patatas por la mitad y pinche unos palillos. Sírvalas calientes o a temperatura ambiente, con el mojo picón en una salsera aparte.

salsa de berenjena

para 6-8 personas

1 berenjena grande, de unos 400 g

5 cucharadas de aceite de oliva

2 cebolletas troceadas

1 diente grande de ajo, picado

2 cucharadas de perejil picado

sal y pimienta

pimentón dulce ahumado,
   para adornar

pan de barra, para acompañar

1 Corte la berenjena en trozos gruesos y espolvoréela con sal para quitarle el amargor. Déjela reposar durante 30 minutos, enjuáguela con agua y séquela.

2 En una sartén grande, caliente 4 cucharadas de aceite de oliva a fuego medio. Ponga los trozos de berenjena en la sartén y fríalos por todos los lados hasta que estén blandos y se empiecen a dorar. Retírelos de la sartén y déjelos enfriar. Soltarán aceite.

3 Caliente el resto del aceite de oliva en la sartén. Añada la cebolleta y el ajo y fríalo durante 3 minutos o hasta que la cebolleta se ablande. Retírelo del fuego y póngalo aparte, junto con la berenjena, para que se enfríe.

4 Ponga todos los ingredientes en el recipiente de una batidora y tritúrelos hasta obtener una salsa granulada. Pásela a una salsera y espolvoréela con el perejil. Pruebe la salsa y rectifíquela de sal y pimienta si lo cree conveniente. Sírvala de inmediato o tápela y déjela en el frigorífico unos 15 minutos antes de servirla, espolvoreada con pimentón dulce y acompañada de pan de barra.

salsa de berenjena y pimiento

para 6-8 personas

2 berenjenas grandes

2 pimientos rojos

4 cucharadas de aceite de oliva

2 dientes de ajo picados

la ralladura y el zumo de $1/2$ limón

1 cucharada de cilantro fresco picado
y unas ramitas para adornar

$1/2$ - 1 cucharadita de pimentón dulce

sal y pimienta

rebanadas de pan fresco o tostado,
para acompañar

VARIACIÓN

En lugar de asar las
berenjenas y los pimientos
al horno puede hacerlo bajo
el grill unos 10 minutos,
hasta que la piel se
carbonice. Tendrá que
darles la vuelta muy a
menudo. Esta salsa es
excelente servida con
carnes frías.

1 Precaliente el horno a 190 °C. Pinche la piel de las berenjenas y los pimientos por todas partes con un tenedor y úntelos con una cucharada de aceite de oliva. Póngalos en una fuente refractaria y áselos en el horno durante 45 minutos o hasta que las pieles se empiecen a ennegrecer, la pulpa de las berenjenas esté tierna y los pimientos se hayan desinflado.

2 Cuando estén hechas, ponga las hortalizas en un cuenco y cúbralas con un paño de cocina limpio y húmedo, o bien métalas en una bolsa de plástico. Déjelas reposar durante 15 minutos, hasta que se hayan enfriado un poco.

3 Cuando estén frías, corte las berenjenas por la mitad a lo largo, extraiga con cuidado la pulpa y deseche la piel. Corte la pulpa en trozos grandes. Arranque y deseche el pedúnculo y las semillas de los pimientos y córtelos en trozos grandes.

4 Caliente el resto del aceite en una sartén y fría la berenjena y el pimiento durante 5 minutos. Añada el ajo y fríalo todo 30 segundos.

5 Vierta el contenido de la sartén sobre papel de cocina para que se escurra y después páselo al recipiente de la batidora. Añada la ralladura y el zumo de limón, el cilantro picado, el pimentón dulce, sal y pimienta a su gusto y tritúrelo todo hasta obtener una pasta granulosa.

6 Vierta la salsa de berenjena y pimiento en una salsera. Sírvala templada, a temperatura ambiente o bien déjela enfriar durante 30 minutos primero y después métala en el frigorífico 1 hora si prefiere servirla fría. Decórela con ramitas de cilantro y acompáñela con rebanadas de pan fresco o tostado.

berenjenas maceradas

para 4 personas

2 berenjenas partidas a lo largo

4 cucharadas de aceite de oliva

2 dientes de ajo picados

2 cucharadas de perejil picado

1 cucharada de tomillo fresco picado

2 cucharadas de zumo de limón

sal y pimienta

SUGERENCIA

Las variedades actuales de berenjenas apenas amargan, y por lo tanto no hace falta salarlas, sobre todo si se van a asar.

1 Haga 2 o 3 cortes en la pulpa de las berenjenas y colóquelas boca abajo en una fuente para el horno. Salpiméntelas, vierta el aceite de oliva por encima y espolvoréelas con el ajo, el perejil y el tomillo. Tápelas y déjelas macerar a temperatura ambiente durante 2 o 3 horas.

2 Precaliente el horno a 180 °C. Retire la tapadera de la fuente y ase las berenjenas al horno durante 45 minutos. Transcurrido ese tiempo, saque la fuente del horno y dé la vuelta a las berenjenas. Mójelas en su salsa y rocíelas con el zumo de limón. Vuelva a meterlas en el horno y áselas 15 minutos más.

3 Sirva las berenjenas calientes o templadas en platos individuales, bañadas en su propia salsa.

ensalada de cebolla

para 4-6 personas

4 cebollas

2 cucharadas de perejil picado

120 g de aceitunas negras sin hueso

1 cucharada de vinagre de jerez

2 cucharadas de vinagre de vino tinto

125 ml de aceite de oliva

1 cucharada de agua

sal y pimienta

1 Ponga al fuego una olla con agua con sal y llévela a ebullición. Cuando hierva, añada las cebollas y cuézalas durante 20 minutos o hasta que estén tiernas. Escúrralas y déjelas reposar hasta que se enfríen un poco.

2 Corte las cebollas en rodajas gruesas y colóquelas en una ensaladera. Espolvoree con el perejil, esparza las aceitunas y eche pimienta.

3 Mezcle los vinagres y el aceite en un bol y bátalo todo bien. Después, añada la cantidad de agua necesaria para hacer una vinagreta cremosa y bátalo todo junto.

4 Vierta el aliño sobre las cebollas y sírvalas a temperatura ambiente.

SUGERENCIA

Prepare este plato con cebollas grandes y dulces. Si no encuentra, cómprelas rojas o blancas, que también son dulces, aunque como suelen ser más pequeñas, necesitará 5 o 6.

cebollas rellenas

para 4 personas

4 cebollas grandes

2 lonchas de beicon, en dados

$^1/_2$ pimiento rojo, sin semillas y
cortado en dados

250 g de carne tierna de ternera
picada

1 cucharada de una mezcla de
hierbas picadas, por ejemplo,
perejil, romero y tomillo, o
1 cucharadita de una mezcla
de hierbas secas

mantequilla para untar

300 ml de caldo de ternera

25 g de miga de pan blanco tierno

sal y pimienta

arroz largo cocido, adornado con
perejil picado, para acompañar

SALSA

25 g de mantequilla

125 g de champiñones picados

300 ml de caldo de ternera

2 cucharadas de harina de maíz

2 cucharadas de agua

1 Precaliente el horno a 180 °C. Ponga las cebollas en una olla con agua ligeramente salada y llévelas a ebullición. Reduzca el fuego y cuézalas durante 15 minutos o hasta que estén tiernas.

2 Escurra las cebollas y déjelas enfriar un poco. Vacíelas y pique la parte que haya vaciado.

3 Ponga una sartén al fuego y fría el beicon hasta que se derrita la grasa. Añada la cebolla picada y el pimiento y fríalo de 5 a 7 minutos, sin dejar de remover.

4 Añada la carne y siga friendo unos 3 minutos, o hasta que se dore. No deje de remover. Retire la sartén del fuego e incorpore las hierbas y la miga de pan. Salpimiéntelo a su gusto.

5 Unte una fuente para el horno con mantequilla y coloque las cebollas. Rellénelas con el sofrito y rocíelas con el caldo. Ase las cebollas al horno durante 1-1$^1/_2$ horas, o hasta que estén tiernas.

6 Para hacer la salsa, caliente la mantequilla en una sartén y fría los champiñones 3 o 4 minutos. Recoja el líquido que suelten las cebollas y viértalo en la sartén con el caldo. Cuézalo unos 2 o 3 minutos más.

7 Mezcle la harina con el agua, incorpórelo a la salsa y déjela cocer un rato, removiendo, hasta que se espese. Salpimiente al gusto y sirva las cebollas con la salsa, acompañadas de arroz con perejil.

puré de habas al estilo morisco

para 6 personas

500 g de habas tiernas
   (sin las vainas) o congeladas
5 cucharadas de aceite de oliva
1 diente de ajo picado
1 cebolla picada
1 cucharadita de comino molido
1 cucharada de zumo de limón
175 ml de agua
1 cucharada de menta fresca picada
sal y pimienta
pimentón dulce, para adornar
hortalizas crudas, pan crujiente o
   palitos de pan, para acompañar

1 Si usa habas tiernas, lleve una olla con agua ligeramente salada a ebullición. Cuando hierva, incorpore las habas, reduzca el fuego y cuézalas, tapadas, durante 7 minutos. Escúrralas bien, aclárelas con agua fría y vuelva a escurrirlas. Quíteles la piel. Si usa habas congeladas, deje que se descongelen por completo y después pélalas.

SUGERENCIA

Las clásicas especias y hierbas árabes aún están presentes en la cocina española actual, sobre todo en el sur del país.

2 Caliente una cucharada de aceite de oliva en una cazuela. Añada el ajo, la cebolla y el comino y sofríalo todo a fuego lento, removiendo de vez en cuando, hasta que la cebolla esté tierna y transparente. Incorpore las habas y fríalas, removiendo a menudo, unos 5 minutos más.

3 Retire la cazuela del fuego y ponga su contenido en el recipiente de la batidora. Agregue el zumo de limón, el resto del aceite, el agua y la menta y tritúrelo todo hasta obtener una pasta. Salpimiéntela al gusto.

4 Vuelva a poner el puré en la cazuela y caliéntelo un poco a fuego lento. Póngalo en boles individuales y espolvoréelo ligeramente con pimentón dulce. Sírvalo con las hortalizas frescas que prefiera y pan para mojar.

habas con queso y gambas

para 6 personas

500 g de habas tiernas
   (sin las vainas) o congeladas
2 ramitas de tomillo fresco
225 g de gambas peladas cocidas
225 g de queso majorero o queso
   gruyer, cortado en dados
6 cucharadas de aceite de oliva
2 cucharadas de zumo de limón
1 diente de ajo picado
sal y pimienta

1 En una olla, ponga a hervir agua ligeramente salada. Cuando hierva, incorpore las habas y 1 ramita de tomillo y cuézalas a fuego lento, tapadas, unos 7 minutos. Escúrralas bien, aclárelas con agua fría y vuelva a escurrirlas.

2 A menos que las habas sean muy pequeñas, pélelas. Póngalas en un bol y añada las gambas y el queso.

3 Trocee la ramita restante de tomillo. Bata el aceite de oliva, el zumo de limón, el ajo y el tomillo troceado en otro bol y salpimiéntelo.

4 Vierta el aliño sobre la mezcla de habas. Remuévalo todo suavemente y sírvalo.

SUGERENCIA

El queso majorero es un queso de leche de cabra de Fuerteventura (islas Canarias). Tiene una textura cremosa que se deshace en la boca, perfecta para acompañar con jerez o vino tinto.

habas con jamón serrano

para 6-8 personas

55 g de jamón serrano, jamón
    curado, panceta o beicon
    entreverado y sin corteza
115 g de chorizo sin la piel
4 cucharadas de aceite de oliva
1 cebolla picada
2 dientes de ajo picados
un chorrito de vino blanco seco
450 g de habas descongeladas, o
    1¼ kg de habas tiernas con las
    vainas para obtener unos 450 g
    de habas peladas
1 cucharada de menta fresca picada
    o eneldo, y un poco más para
    adornar
1 pizca de azúcar
sal y pimienta

1 Corte el jamón, la panceta o el beicon en tiras. Corte el chorizo en dados de 2 cm. Caliente el aceite de oliva en una sartén de base gruesa o en una cazuela con tapadera. Añada la cebolla y fríala 5 minutos o hasta que esté tierna. Si utiliza panceta o beicon, échelo en la sartén con la cebolla. Incorpore el ajo y fríalo todo junto 30 segundos más.

2 Vierta el vino en la sartén, suba el fuego hasta que se evapore el alcohol y luego vuelva a bajarlo. Añada las habas, el jamón (si lo usa) y el chorizo y rehóguelo todo durante 1 o 2 minutos, sin dejar de remover para que los ingredientes queden impregnados de aceite.

3 Tape el guiso y, removiendo de vez en cuando, deje que las habas se cuezan despacio 10 o 15 minutos, o hasta que estén tiernas. Quizá tenga que añadir un poco de agua durante la cocción. Por lo tanto, deberá echarles un vistazo de vez en cuando. Incorpore la menta y el azúcar y salpimiente a su gusto, pero pruébelas antes de hacerlo porque es posible que el plato no necesite sal.

4 Pase las habas a una fuente grande o a varias pequeñas y sírvalas muy calientes, adornadas con menta o eneldo picados.

ensalada de habas, judías y tirabeques

para 4-6 personas

175 g de habas tiernas o
   congeladas
115 g de judías verdes tiernas
   o congeladas
115 g de tirabeques
1 chalote picado
6 ramitas de menta fresca
4 cucharadas de aceite de oliva
1 cucharada de vinagre de jerez
1 diente de ajo picado
sal y pimienta

1 En una olla, lleve agua ligeramente salada a ebullición. Cuando hierva, incorpore las habas, baje el fuego, tápelas y cuézalas durante 7 minutos. Retire las habas con una espumadera, aclárelas con agua fría, escúrralas y quíteles la piel.

2 Mientras tanto, vuelva poner el agua a hervir. Incorpore las judías verdes y espere a que vuelva a arrancar el hervor. Escurra las judías, páselas por agua fría y vuelva a escurrirlas.

3 Mezcle las habas, las judías, los tirabeques y el picadillo de chalote en un bol. Separe las hojas de menta, guarde la mitad y añada la otra a la ensalada de hortalizas. Pique la mitad reservada.

4 Bata el aceite, el vinagre, el ajo y la menta picada en otro bol y sazónelo. Vierta el aliño por encima de la ensalada y remueva bien para que todo quede empapado. Tape el bol con film transparente y déjelo en el frigorífico hasta que vaya a servirlo.

tomatitos rellenos

para 8 personas

24 tomates cereza

PASTA DE ANCHOAS Y ACEITUNAS

50 g de filetes de anchoa en aceite
   de oliva

8 aceitunas verdes rellenas de
   pimiento, troceadas

2 huevos duros grandes, troceados

pimienta

PASTA DE CANGREJO Y MAYONESA

170 g de carne de cangrejo en
   conserva, escurrida

4 cucharadas de mayonesa

1 cucharada de perejil picado

sal y pimienta

pimentón dulce, para adornar

PASTA DE ACEITUNAS NEGRAS
   Y ALCAPARRAS

12 aceitunas negras sin hueso

3 cucharadas de alcaparras

6 cucharadas de alioli (véase
   página 12)

sal y pimienta

1 Si es necesario, corte y deseche una rodajita muy fina del extremo del rabito de cada tomate para que tengan una base plana y estable. Corte una rodaja un poco más gruesa del otro extremo y deséchela. Con un cuchillo de sierra o una cucharilla, extraiga y deseche las semillas y gran parte de la pulpa de los tomates. Póngalos boca abajo sobre papel de cocina y deje que se escurran durante 5 minutos.

2 Para hacer la pasta de anchoas y aceitunas, escurra las anchoas y reserve el aceite. Píquelas y póngalas en un bol. Añada las aceitunas y los huevos duros. Agregue un chorrito del aceite para suavizar el preparado, sazone con pimienta (no con sal porque las anchoas ya aportan la necesaria) y mézclelo todo bien.

3 Para hacer la pasta de cangrejo y mayonesa, ponga esos ingredientes y el perejil en un bol y mézclelo bien. Salpiméntelo a su gusto y después espolvoréelo con pimentón dulce.

4 Para hacer la pasta de aceitunas negras y alcaparras, extienda esos ingredientes sobre papel de cocina para que se escurran bien. Píquelos y póngalos en un cuenco. Añada el alioli, mézclelo todo bien y salpimiente a su gusto.

5 Ponga los distintos tipos de pasta uno tras otro en una manga pastelera provista de una boquilla lisa de 2 cm de diámetro y rellene los tomates. Guárdelos en el frigorífico hasta que vaya a servirlos.

ensalada de tomate y aceitunas

para 6 personas

2 cucharadas de vinagre de vino
tinto o de jerez

5 cucharadas de aceite de oliva

1 diente de ajo picado

1 cucharadita de pimentón dulce

4 tomates, pelados y en dados

12 aceitunas rellenas de anchoa
o de pimiento

½ pepino, pelado y en dados

2 chalotes picados

1 cucharada de alcaparras
encurtidas, escurridas

2-3 endibias, con las hojas separadas

sal

SUGERENCIA

Aunque hoy día los tomates se
asocian quizá más con la cocina
italiana, fueron los españoles los
que trajeron el nuevo ingrediente
de Perú en el siglo XVI, y los
cocineros españoles los primeros
en elaborar recetas con tomate.

1 Prepare el aliño: bata en un bol
el vinagre, el aceite de oliva, el
ajo y el pimentón. Salpimiente.

2 Ponga el tomate, las aceitunas,
el pepino, los chalotes y las
alcaparras en otro bol. Vierta el aliño
por encima y mézclelo suavemente.

3 Prepare 6 cuencos individuales
con hojas de endibia. Con una
cuchara, reparta la ensalada entre
los cuencos y sírvalos.

tomates rellenos de arroz

para 4-8 personas

140 g de arroz largo

140 g de aceitunas negras sin hueso, troceadas

3 cucharadas de aceite de oliva

4 tomates grandes partidos por la mitad

4 cucharadas de perejil picado

sal y pimienta

VARIACIÓN

Este relleno también queda delicioso con pimientos rojos y amarillos. Córtelos por la mitad, despepítelos y hiérvalos en agua ligeramente salada 5 minutos. Escúrralos bien, aclárelos con agua fría y vuelva a escurrirlos. Pele 4 tomates, quíteles las semillas, trocéelos y añádalos a la mezcla de arroz y aceitunas.

---

1 En una olla, ponga a hervir agua ligeramente salada. Cuando hierva, incorpore el arroz. Cuando vuelva a hervir, remuévalo una sola vez. Reduzca el fuego y cueza el arroz de 10 a 15 minutos o hasta que esté tierno. Escúrralo bien, aclárelo con agua fría y vuelva a escurrirlo. Ponga papel de cocina en una fuente, extienda el arroz por encima y deje que se seque durante 1 hora.

2 Mezcle en un bol el arroz con las aceitunas y el aceite de oliva y sazónelo bien con pimienta. Seguramente no será necesario que añada más sal. Tape el bol con film transparente y déjelo reposar a temperatura ambiente toda la noche o durante 8 horas.

3 Corte la parte superior de los tomates y, con una cucharilla, saque las semillas; deséchelas. Quite también la pulpa, trocéela y añádala a la mezcla de arroz y aceitunas. Tenga cuidado de no agujerear los cascarones. Sazone con sal al gusto el interior de los tomates y póngalos boca abajo sobre papel de cocina para que se escurran durante 1 hora.

4 Seque el interior de los tomates con papel de cocina. Rellénelos con la mezcla de arroz y aceitunas. Finalmente, espolvoréelos con el perejil y sírvalos.

tomates al ajillo

para 6 personas

8 tomates pera

3 ramitas de tomillo fresco y un
poco más para adornar

12 dientes de ajo sin pelar

75 ml de aceite de oliva

sal y pimienta

1 Precaliente el horno a 220 °C.
Parta los tomates por la mitad
a lo largo y póngalos con la parte
cortada hacia arriba en una fuente para
el horno. Reparta las ramitas de tomillo
y los dientes de ajo entre los tomates.

2 Rocíe bien los tomates con aceite
de oliva y sazónelos a su gusto
con pimienta. Áselos al horno de 40 a
45 minutos o hasta que estén tiernos
y se empiecen a chamuscar por los
lados.

3 Deseche las ramitas de tomillo.
Salpimiente los tomates a su
gusto. Decórelos con las ramitas de
tomillo que había reservado y sírvalos
calientes o templados. Una vez en la
mesa, vacíe la pulpa de los ajos por
encima de los tomates.

SUGERENCIA
Los tomates madurados al sol
son mejores para este plato
porque son mucho más sabrosos
que los de invernadero.

calabacín con queso y vinagreta

para 6 personas

550 g de calabacines cortados
en rodajas a lo largo
6 cucharadas de aceite de oliva
175 g de queso manchego tierno
o mozzarella, cortado en dados
sal y pimienta
hojas de melisa fresca, para adornar
VINAGRETA DE LIMÓN
5 cucharadas de aceite de oliva
4 cucharadas de zumo de limón
1 cucharada de miel líquida
1 cucharadita de ralladura de limón

SUGERENCIA

El queso manchego quizá sea el
más común en España. Se viene
elaborando en La Mancha desde
la época de los romanos y se
puede comprar en distintos
estados de maduración. El queso
manchego tierno no tiene el
sabor picante del curado.

1 Precaliente el horno a 200 °C.
Coloque las rodajas de calabacín
en una fuente, rocíelas con aceite de
oliva y salpiméntelas a su gusto.
Remuévalas para que queden bien
impregnadas. Áselas al horno,
removiéndolas 2 o 3 veces, durante
30 minutos o hasta que estén doradas.

2 Mientras tanto, haga la vinagreta
de limón. Mezcle el aceite de
oliva, el zumo de limón, la miel y la
ralladura de limón en un bol y
salpiméntelo a su gusto.

3 Pase el calabacín a una fuente y
viértale la vinagreta por encima.
Remuévalo suavemente y déjelo enfriar
a temperatura ambiente. Antes de
servir el plato, esparza los dados de
queso y las hojas de melisa por encima.

calabacín frito con salsa para mojar

para 6-8 personas

450 g de calabacines pequeños

3 cucharadas de harina

1 cucharadita de pimentón dulce

1 huevo grande

2 cucharadas de leche

aceite de girasol, para freír

sal marina gruesa

la salsa para mojar que prefiera,
como alioli (véase página 12),
salsa de tomate picante (véase
página 112) o la siguiente:

SALSA DE PIÑONES

100 g de piñones

1 diente de ajo pelado

3 cucharadas de aceite de oliva
virgen extra

1 cucharada de zumo de limón

3 cucharadas de agua

1 cucharada de perejil picado

sal y pimienta

VARIACIÓN

Puede hacer este plato con
berenjenas. En cuanto a la salsa,
si lo prefiere, puede sustituir los
piñones por almendras.

1 Si va a acompañar la fritura de calabacín con la salsa de piñones, empiece por prepararla. Ponga los piñones y el ajo en el recipiente de la batidora y haga un puré. Con el motor en marcha, añada poco a poco el aceite de oliva, el zumo de limón y el agua, hasta obtener una salsa fina. Agregue el perejil y salpimiéntela al gusto. Vierta la salsa en una salsera y resérvela.

2 Para preparar los calabacines, córtelos en diagonal en rodajas de unos 5 mm de grosor. Mezcle la harina y el pimentón en una bolsa de plástico. En un cuenco, bata el huevo con la leche.

3 Meta los trozos de calabacín en la bolsa con harina y pimentón y sacúdala para rebozarlos bien, aunque no en exceso. Caliente un dedo de aceite de girasol en una sartén de base gruesa. Sumerja las rodajas de calabacín, de una en una, en la mezcla de huevo y leche, y luego fríalas en el aceite caliente, en tandas para que no se amontonen en la sartén, durante 2 minutos o hasta que estén crujientes y doradas.

4 Retire el calabacín frito con una rasera y deje que se escurra sobre papel de cocina. Acabe de freír así todas las rodajas.

5 Sirva la fritura muy caliente, ligeramente espolvoreada con sal marina. Acompáñela con una salsa para mojar.

pimientos de Padrón fritos

250 g de pimientos de Padrón para 4-6 personas

aceite de oliva

pimientos de Padrón

sal marina

1 Caliente dos dedos de aceite de oliva en una sartén de base gruesa hasta que esté a unos 190 °C o hasta que un trocito de pan se dore en 30 segundos.

2 Lave los pimientos y séquelos bien con papel de cocina. Fríalos en el aceite caliente unos 20 segundos o hasta que adquieran un color verde brillante y la piel se arrugue.

3 Sáquelos de la sartén con una rasera y escúrralos bien en papel de cocina doblado. Sazónelos con sal marina y sírvalos de inmediato.

VARIACIÓN

Si desea preparar una tapa más elaborada, coloque un huevo frito sobre una rebanada fina de pan. Con un palillo, pinche el pan, el huevo y un pimiento de Padrón.

SUGERENCIA

Este plato se puede hacer con cualquier tipo de pimiento, pero los de Padrón añaden emoción a la tapa porque, como dicen en Galicia, «unos pican y otros no». Se pueden encontrar en el mercado o el supermercado, pero hay que mirar bien la denominación de origen. Estos pimientos son muy sabrosos y dulces, pero de vez en cuando uno sale rabiosamente picante.

coliflor rebozada

para 4-6 personas

1 coliflor, separada en ramitos

1 huevo

150 ml de leche

115 g de harina

aceite vegetal, para freír

sal

salsa de tomate y pimiento (véase

    página 7) o alioli (véase página

    12), para acompañar

1 Ponga a hervir en una olla agua
con sal. Cuando hierva, añada
los ramitos de coliflor, baje el fuego
y cuézalos a fuego lento durante
5 minutos. Escúrralos bien, aclárelos
con agua fría y vuelva a escurrirlos.

SUGERENCIA

Las frituras de cualquier tipo son
muy socorridas, y además
deliciosas. Se pueden servir tal
cual o con una sabrosa salsa
para mojar.

2 Bata el huevo y la leche en un
bol. Vaya añadiendo la harina
poco a poco y 1 cucharadita de sal.

3 Mientras tanto, caliente el aceite
a 180 o 190 °C o hasta que un
trozo de pan se dore en 30 segundos.

4 Sumerja los ramitos de coliflor en
la pasta de harina y rebócelos
bien, aunque no en exceso. Fríalos
durante 5 minutos o hasta que estén
bien dorados. Si es necesario, hágalo
en tandas. Escúrralos en papel de
cocina y sírvalos de inmediato, en
cuencos individuales calientes, con
una salsa para mojar.

judías verdes con piñones

para 8 personas

2 cucharadas de aceite de oliva

50 g de piñones

$^1/_2$ - 1 cucharadita de pimentón dulce

450 g de judías verdes

1 cebolla pequeña picada

1 diente de ajo picado

el zumo de $^1/_2$ limón

sal y pimienta

1 Caliente el aceite en una sartén grande de base gruesa y fría los piñones durante 1 minuto, sin dejar de remover y sacudiendo la sartén hasta que estén ligeramente dorados. Retire los piñones con una rasera, escúrralos sobre papel de cocina y póngalos en un bol. Reserve el aceite que haya quedado en la sartén. Espolvoree pimentón dulce a su gusto sobre los piñones y remuévalos hasta que estén bien impregnados. Resérvelos.

2 Despunte las judías verdes y quite los hilos laterales si es necesario. Póngalas en una cazuela, vierta sobre ellas agua hirviendo, llévelas a ebullición y cuézalas unos 5 minutos o hasta que estén tiernas pero no blandas. Escúrralas bien.

3 Vuelva a calentar el aceite de la sartén y fría la cebolla de 5 a 10 minutos o hasta que esté blanda y empiece a dorarse. Añada el ajo y fríalo todo otros 30 segundos.

4 Incorpore las judías a la sartén y rehóguelas 2 o 3 minutos, mezclándolas con la cebolla y el ajo, hasta que estén totalmente calientes. Salpimiente a su gusto.

5 Vuelque el contenido de la sartén en una fuente, rocíelo con el zumo de limón y mézclelo. Esparza por encima los piñones preparados y sirva las judías calientes.

judías verdes con almendras

para 4-6 personas

500 g de judías verdes

70 g de mantequilla

25 g de almendras fileteadas

2 cucharaditas de zumo de limón

sal

1 Lleve una olla con agua ligeramente salada a ebullición. Cuando hierva, añada las judías y cuézalas de 8 a 10 minutos o hasta que estén casi hechas del todo.

2 Mientras tanto, derrita la mantequilla en una sartén de base gruesa y rehogue las almendras a fuego lento, sin dejar de remover, de 3 a 5 minutos o hasta que estén doradas. Vierta el zumo de limón y sazónelas al gusto con sal.

3 Escurra las judías y échelas en la sartén. Remuévalas bien para mezclarlo todo y, a continuación, sírvalas calientes en platos individuales.

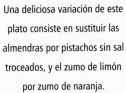

VARIACIÓN

Una deliciosa variación de este plato consiste en sustituir las almendras por pistachos sin sal troceados, y el zumo de limón por zumo de naranja.

49

judías verdes con salsa de tomate

para 6 personas

25 g de mantequilla

2 dientes de ajo picados

2 cebolletas picadas

1 kg de judías verdes cortadas
    en trozos de 2,5 cm de largo

700 g de tomate troceado de lata

1 cucharada de piñones

1 cucharada de zumo de limón

1 hoja de laurel

sal y pimienta

1 Derrita la mantequilla en una sartén grande de base gruesa. Añada el ajo y las cebolletas y sofríalo 3 o 4 minutos, removiendo de vez en cuando. Incorpore las judías y fríalas, removiéndolas con frecuencia, otros 4 minutos.

2 Añada los tomates con el jugo de la conserva, los piñones, el zumo de limón y la hoja de laurel y salpimiente a su gusto. Reduzca el fuego y cuézalo durante 30 minutos o hasta que las judías estén tiernas y la salsa se haya espesado.

3 Deseche la hoja de laurel. Pruebe las judías y rectifíquelas de sal y pimienta si lo cree conveniente. Póngalas en platos individuales templados y sírvalas calientes.

VARIACIÓN

Este plato también resulta delicioso con tirabeques, que no hace falta partir en trozos.

pepino a la mantequilla

para 4 personas

1 pepino grande, pelado y cortado
   por la mitad a lo largo
70 g de mantequilla
1 cucharada de zumo de limón
1 cucharada de menta fresca picada
sal y pimienta

1 Retire las semillas del pepino con una cucharilla. Corte ambas mitades en trozos de unos 2 cm y póngalos en un colador. Sazónelos con sal. Deje que se escurran durante 30 minutos, aclárelos con agua fría y vuelva a escurrirlos bien. Séquelos con papel de cocina.

2 Derrita la mantequilla en una sartén de base gruesa y rehogue el pepino a fuego medio, sin dejar de remover, de 3 a 5 minutos o hasta que esté muy caliente.

3 Vierta el zumo de limón y la menta y sazone con pimienta. Sirva el pepino caliente en platos individuales templados.

ensalada de calabacín al estilo morisco

para 4-6 personas

500 g de calabacines pequeños

unas 4 cucharadas de aceite de
  oliva

1 diente grande de ajo, por la mitad

50 g de piñones

50 g de pasas

3 cucharadas de menta fresca
  picada

2 cucharadas de zumo de limón

sal y pimienta

VARIACIÓN

Para intensificar el sabor, añada
4 filetes de anchoa en aceite
troceados en el paso 2.

SUGERENCIA

Esta ensalada queda mejor con
calabacines tiernos y pequeños,
de unos dos dedos de grosor.
Si los suyos son más grandes,
córtelos por la mitad o en cuatro
a lo largo y después en rodajas.

1 Corte los calabacines en rodajas finas (véase Sugerencia). Caliente el aceite en una sartén grande a fuego medio y sofría el ajo hasta que esté dorado, para dar sabor al aceite. Sáquelo de la sartén y deséchelo. Fría los calabacines, removiendo, hasta que estén tiernos. Retírelos de la sartén y póngalos en una ensaladera.

2 Añada los piñones, las pasas, la menta y el zumo de limón y salpimiente a su gusto. Pruébelo y añada más aceite de oliva, zumo de limón, sal o pimienta si lo cree conveniente.

3 Deje enfriar la ensalada por completo. Tápela y déjela en el frigorífico durante al menos 3$^{1}/_{2}$ horas. Sáquela 10 minutos antes de servirla.

ensalada de naranja e hinojo

para 4 personas

4 naranjas grandes y jugosas

1 bulbo grande de hinojo, en
    rodajas finas

1 cebolla blanca, en rodajas finas

2 cucharadas de aceite de oliva
    virgen extra

12 aceitunas negras sin hueso,
    en rodajas

1 guindilla roja fresca, sin semillas
    y en rodajas finas (opcional)

perejil picado

1 Ralle un poco de piel de naranja en un bol y resérvela. Con un cuchillo de sierra pequeño, pele las naranjas, eliminando la membrana blanca. Hágalo encima de un cuenco para aprovechar el zumo que caiga. Corte las naranjas en rodajas finas.

2 Mezcle la naranja con el hinojo y la cebolla. Bata el aceite con el zumo de naranja y échelo por encima. Esparza las rodajas de aceituna, añada la guindilla si lo desea y espolvoree la ensalada con la ralladura de naranja y el perejil. Sírvala acompañada de rebanadas de pan de barra.

VARIACIÓN

Añada bacalao al plato (véase páginas 122 y 123). Las naranjas sanguinas son perfectas para hacer esta ensalada. Las uvas negras son una interesante alternativa a las aceitunas.

pimientos con requesón a las hierbas

para 7-8 unidades

185 g de pimientos del piquillo
   enteros en conserva (véase
   página 160)

sal y pimienta

ramitas de hierbas frescas, para
   adornar

REQUESÓN A LAS HIERBAS

225 g de requesón

1 cucharadita de zumo de limón

1 diente de ajo majado

4 cucharadas de perejil picado

1 cucharada de menta fresca picada

1 cucharada de orégano fresco
   picado

ATÚN CON MAYONESA

200 g de atún en aceite de oliva,
   escurrido

5 cucharadas de mayonesa

2 cucharaditas de zumo de limón

2 cucharadas de perejil picado

QUESO DE CABRA CON ACEITUNAS

50 g de aceitunas negras sin hueso,
   picadas

200 g de queso de cabra suave

1 diente de ajo picado

1 Esta receta tiene varios rellenos a elegir. Escoja el que prefiera. Saque los pimientos de la lata o tarro y reserve el aceite.

2 Para hacer el relleno de requesón a las hierbas, ponga el requesón en un cuenco y añada el zumo de limón, el ajo, el perejil, la menta y el orégano. Mézclelo bien. Salpimiéntelo a su gusto.

3 Para hacer el relleno de atún con mayonesa, ponga el atún en un cuenco y añada la mayonesa, el zumo de limón y el perejil. Eche 1 cucharada del aceite de los pimientos y mézclelo bien. Salpimiéntelo a su gusto.

4 Para hacer el relleno de queso de cabra y aceitunas, ponga las aceitunas en un cuenco y añada el queso, el ajo y 1 cucharada del aceite de los pimientos; mézclelo bien. Salpimiéntelo a su gusto.

5 Con una cucharilla, rellene los pimientos con el relleno que haya elegido. Déjelos reposar en el frigorífico al menos dos horas.

6 Para servir los pimientos, póngalos en una fuente y, si es necesario, limpie con papel de cocina los restos de relleno que hayan podido quedar sobre la piel. Decórelos con las ramitas de hierbas.

huevos fritos con espárragos

para 6 personas

500 g de espárragos trigueros
2 cucharadas de aceite de oliva
6 huevos

1 Corte y deseche la parte dura de los espárragos. Asegúrese de que tengan todos más o menos la misma longitud y átelos flojos todos juntos con hilo de cocina. Si tiene un cocedor de espárragos, no los ate: simplemente colóquelos en la cesta.

2 En un cazo alto, ponga a hervir agua ligeramente salada. Cuando hierva, ponga los espárragos. Asegúrese de que las puntas sobresalgan del agua. Reduzca el fuego y cuézalos de 10 a 15 minutos o hasta que estén tiernos. Compruebe que estén cocidos pinchando la punta que sobresalga del agua con un cuchillo afilado.

SUGERENCIA

Los espárragos se cogen con los dedos y se mojan en la yema de los huevos.

3 Mientras tanto, caliente un poco de aceite en una sartén de base gruesa. Fría los huevos, de uno en uno o de dos en dos, a fuego medio, hasta que la clara esté blanca y la yema aún un poco cruda. Ponga los huevos en platos calientes y fría el resto de la misma manera.

4 Escurra los espárragos y repártalos entre los platos. Sírvalos inmediatamente.

VARIACIÓN

También puede servir los espárragos con huevos pasados por agua.

espárragos asados con jamón serrano

para 12 unidades

2 cucharadas de aceite de oliva

6 lonchas de jamón serrano

12 espárragos trigueros

pimienta

alioli (véase página 12), para mojar

1 Precaliente el horno a 200 °C. Ponga la mitad del aceite en una fuente para el horno donde quepan todos los espárragos en una sola capa y muévala de un lado a otro para que el aceite cubra toda la base. Corte las lonchas de jamón serrano por la mitad a lo largo.

2 Corte y deseche la parte dura de los espárragos y enróllelos con una loncha de jamón cada uno. Coloque los espárragos en la fuente y rocíelos con el aceite de oliva restante. Sazónelos con pimienta.

3 Ase los espárragos en el horno durante unos 10 minutos, según su grosor, o hasta que estén tiernos pero aún consistentes. Es importante que no los cueza en exceso porque deben quedar firmes para poder cogerlos con los dedos.

4 Sirva los espárragos asados con jamón muy calientes, acompañados con un bol de alioli para mojar.

puerros a la parrilla

para 4 personas

8 puerros pequeños

2 cucharadas de aceite de oliva,
   y un poco más para untar

2 cucharadas de vinagre blanco

2 cucharadas de cebollino picado

2 cucharadas de perejil picado

1 cucharadita de mostaza de Dijon

sal y pimienta

perejil, para adornar

1 Limpie los puerros y córtelos por la mitad a lo largo. Aclárelos bien y séquelos con papel de cocina.

2 Caliente una parrilla y úntela con aceite de oliva. Ase los puerros a fuego medio-fuerte, dándoles la vuelta de vez en cuando, durante 5 minutos. Póngalos en una fuente.

SUGERENCIA

Si no tiene parrilla, unte los espárragos con aceite de oliva y áselos bajo el grill, dándoles la vuelta y rociándolos con aceite de oliva de vez en cuando.

3 Mientras, bata el aceite, el vinagre, el cebollino, el perejil y la mostaza en un bol y salpimiéntelo. Vierta la salsa por encima de los puerros y remueva para que queden bien impregnados. Tápelos con film transparente y déjelos macerar a temperatura ambiente 30 minutos. Deles la vuelta de vez en cuando.

4 Reparta los puerros en varios platos, adórnelos con ramitas de perejil y sírvalos.

pimientos asados con miel y almendras

para 6 personas

8 pimientos rojos, en cuatro trozos

4 cucharadas de aceite de oliva

2 dientes de ajo, cortados en
rodajas finas

25 g de almendras laminadas

2 cucharadas de miel líquida

2 cucharadas de vinagre de jerez

2 cucharadas de perejil picado

sal y pimienta

1 Precaliente el grill al máximo.
Ponga los pimientos en una capa
en la bandeja del horno, con la piel
hacia arriba. Áselos de 8 a 10 minutos
o hasta que la piel se chamusque.
Ponga los pimientos en una bolsa de
plástico. Átela y déjelos enfriar.

2 Cuando los pimientos se hayan
enfriado un poco, quíteles la
piel con los dedos o con un cuchillo.
Córtelos en trocitos y póngalos en
un bol.

3 Caliente el aceite en una sartén
de base gruesa y sofría el ajo a
fuego lento, sin dejar de remover,
durante 4 minutos o hasta que se
dore. Añada las almendras, la miel y
el vinagre. Vierta la salsa sobre los
pimientos. Añada el perejil y
salpimiente la mezcla a su gusto.
Remuévalo todo bien.

4 Deje que se enfríen a temperatura
ambiente antes de servirlos.
También puede guardarlos en el
frigorífico, tapados, aunque hay que
servirlos a temperatura ambiente.

ensalada de pimientos asados

para 8 personas

3 pimientos rojos

3 pimientos amarillos

5 cucharadas de aceite de oliva
    virgen extra

2 cucharadas de vinagre de jerez
    o zumo de limón

2 dientes de ajo majados

1 pizca de azúcar

1 cucharada de alcaparras

8 aceitunas negras de Aragón

sal y pimienta

mejorana fresca

1 Precaliente el grill. Ponga los pimientos en una rejilla o en una fuente refractaria y áselos durante 20 minutos o hasta que la piel chamusque y se arrugue. Deles la vuelta con frecuencia.

2 Saque los pimientos asados del horno, póngalos en un cuenco y tápelos inmediatamente con un paño limpio y humedecido.

3 Si lo prefiere, también puede meter los pimientos en una bolsa de plástico: el vapor ablanda la piel y así resulta más fácil quitarla. Deje reposar los pimientos unos 15 minutos, o hasta que se hayan enfriado un poco.

4 Sujetando los pimientos de uno en uno sobre un cuenco, haga un agujerito en el extremo con un cuchillo afilado y exprima suavemente el jugo que tengan en su interior. También encima del cuenco, quite con cuidado la piel ennegrecida de los pimientos con un cuchillo o con los dedos. Corte los pimientos por la mitad y quíteles el pedúnculo, el corazón y las semillas. Después, córtelos en tiras. Colóquelas de forma atractiva en una fuente.

5 Añada al jugo reservado aceite de oliva, vinagre de jerez, ajo, azúcar, sal y pimienta al gusto. Mezcle bien el aliño y rocíe la ensalada con él.

6 Esparza las alcaparras, las aceitunas y dos cucharadas de mejorana picada sobre la ensalada. Adórnela con unas ramitas de mejorana y sírvala a temperatura ambiente.

corazones de alcachofa con espárragos

para 4-6 personas

450 g de espárragos trigueros

400 g de corazones de alcachofa en conserva, escurridos y lavados

2 cucharadas de zumo de naranja

½ cucharadita de ralladura de naranja

2 cucharadas de aceite de nuez

1 cucharadita de mostaza de Dijon

sal y pimienta, hojas de ensalada

1 Corte la parte dura de los espárragos. Asegúrese de que queden todos más o menos de la misma longitud y átelos suavemente todos juntos con hilo de cocina. Si tiene un cocedor de espárragos, no los ate, simplemente colóquelos en la cesta.

2 En un cazo alto, ponga a hervir agua con sal. Cuando hierva, ponga los espárragos. Asegúrese de que las puntas sobresalgan del agua. Reduzca el fuego y cuézalos de 10 a 15 minutos o hasta que estén tiernos. Compruebe que estén hechos pinchando la punta con un cuchillo afilado. Escúrralos, aclárelos con agua fría y vuelva a escurrirlos.

3 Corte los espárragos en trozos de unos 2,5 cm, dejando las puntas intactas. Corte los corazones de alcachofa en trocitos y mézclelos con los espárragos en una fuente.

4 Bata el zumo de naranja, la ralladura, el aceite de nuez y la mostaza en un bol y salpimiente al gusto. Si va a servirlos enseguida, eche el aliño por encima de los espárragos y los corazones de alcachofa y mézclelo todo suavemente.

5 Ponga el tipo de ensalada que desee en cuencos y eche la mezcla de espárragos y alcachofas por encima. Sirva el plato enseguida. También puede guardar la ensalada tapada en el frigorífico y añadir el aliño justo antes de servir el plato.

ensalada de melón, chorizo y alcachofas

para 8 personas

12 alcachofas pequeñas

el zumo de ¹/₂ limón

2 cucharadas de aceite de oliva

1 melón pequeño de pulpa naranja,
   por ejemplo *cantaloup*

200 g de chorizo, sin la piel

unas ramitas de estragón fresco o
   de perejil, para adornar

ALIÑO

3 cucharadas de aceite de oliva
   virgen extra

1 cucharada de vinagre de vino tinto

1 cucharadita de mostaza

1 cucharada de estragón picado

sal y pimienta

VARIACIÓN

En lugar de chorizo, puede poner
una longha gruesa de jamón
serrano cortada en dados.

---

1 Para preparar las alcachofas, córteles el troncho. Arranque las hojas exteriores más duras con los dedos, hasta que queden a la vista las más tiernas. Con unas tijeras, corte la punta de las hojas. Con un cuchillo afilado, pele la base de las alcachofas. A medida que las vaya preparando, úntelas con zumo de limón para evitar que se ennegrezcan. Si lo prefiere, también puede llenar un cuenco con agua fría, añadirle zumo de limón e ir echando allí las alcachofas con el mismo fin. Extraiga con cuidado la pelusa (los pelillos sedosos del corazón), con los dedos o con una cucharilla. Es muy importante realizar esta operación porque esos pelillos pueden producir una irritación de garganta. Ahora bien, si las alcachofas son muy tiernas, no sólo no hace falta quitar la pelusa sino que además se pueden aprovechar los tronchos, bien pelados, porque también son bastante tiernos. Corte las alcachofas en cuatro trozos y úntelas de nuevo con zumo de limón.

2 Caliente el aceite de oliva en una sartén grande de base gruesa y fría las alcachofas, dándoles la vuelta a menudo, durante 5 minutos o hasta que estén doradas. Sáquelas de la sartén, póngalas en una ensaladera y deje que se enfríen.

3 Para preparar el melón, córtelo por la mitad y extraiga las semillas con una cuchara. Corte la pulpa en dados pequeños. Añádalos a las alcachofas frías. Corte el chorizo en trozos del mismo tamaño y mézclelos con el melón y las alcachofas.

4 Para preparar el aliño, mezcle todos los ingredientes en un bol y bátalos. Cuando vaya a servir el plato, vierta el aliño sobre la ensalada y decórela con ramitas de estragón o de perejil.

champiñones salteados al ajillo

para 6 personas

450 g de champiñones

5 cucharadas de aceite de oliva

2 dientes de ajo picados

zumo de limón

4 cucharadas de perejil picado

sal y pimienta

gajos de limón para adornar

pan crujiente para acompañar

1 Limpie los champiñones. Corte los más grandes por la mitad o en cuatro trozos y deje los pequeños enteros. Caliente el aceite de oliva en una sartén de base gruesa, añada el ajo y fríalo de 30 segundos a 1 minuto o hasta que esté ligeramente dorado. Añada los champiñones y saltéelos a fuego fuerte, sin dejar de remover, hasta que hayan absorbido todo el aceite de la sartén.

2 Reduzca el fuego al mínimo. Cuando los champiñones hayan soltado el agua, saltéelos otra vez a fuego fuerte 4 o 5 minutos, removiendo varias veces, hasta que el liquido se haya evaporado. Rocíelos con un chorrito de limón y salpimiéntelos a su gusto. Añada el perejil y saltéelos un minuto más.

3 Pase los champiñones a una fuente precalentada y sírvalos calientes o templados, con rebanadas de pan crujiente para mojarlo en el jugo de cocción.

VARIACIÓN

Esta tapa se puede hacer con setas silvestres, por ejemplo, níscalos o rebozuelos. También se pueden preparar calabacines del mismo modo, en cuyo caso antes de dorar el ajo se recomienda freír una cebolla pequeña picada hasta que se empiece a dorar.

champiñones picantes

para 6-8 personas

50 g de mantequilla

5 cucharadas de aceite de oliva

1 kg de champiñones

4 dientes grandes de ajo, picados

1 guindilla roja, sin semillas y
picada

1 cucharada de zumo de limón

sal y pimienta

unas ramitas de perejil para adornar

1 Caliente la mantequilla con el aceite en una sartén. Cuando la mantequilla se haya derretido, añada los champiñones, el ajo y la guindilla y sofríalo a fuego medio, sin dejar de remover, durante 5 minutos.

2 Incorpore el zumo de limón y salpiméntelo al gusto.

3 Sirva los champiñones en una fuente, bien calientes y adornados con unas ramitas de perejil.

VARIACIÓN

Si desea un plato más picante, ponga más cantidad de guindillas frescas o sazónelo con sal y cayena en lugar de pimienta.

champiñones rellenos

para 6 personas

150 g de mantequilla

4 dientes de ajo picados

6 champiñones grandes y abiertos,
    sin el pie

55 g de pan blanco rallado

1 cucharada de tomillo fresco picado

1 huevo, ligeramente batido

sal y pimienta

SUGERENCIA

Sirva los champiñones sobre
unas tostadas. Corte círculos en
rebanadas de pan de molde y
tuéstelos por ambos lados.
Úntelos con mantequilla normal
o al ajo y ponga un champiñón
en cada tostada.

1 Precaliente el horno a 180 °C.
Remueva la mantequilla en un
bol para que se ablande un poco y
mézclela con el ajo. Reparta dos tercios
de la mantequilla con ajo entre los
champiñones y colóquelos boca arriba
en la bandeja del horno.

2 Derrita el resto de la mantequilla
en una sartén de base gruesa,
agregue el pan rallado y sofríalo a
fuego lento, sin dejar de remover,
hasta que se dore. Retírelo del fuego y
póngalo en un bol. Incorpore el tomillo
y salpimiente la mezcla al gusto. Vierta
el huevo batido y mézclelo todo hasta
que quede ligado.

3 Reparta el relleno entre los
champiñones y áselos al horno
durante 15 minutos o hasta que el
pan se dore y los champiñones estén
tiernos. Sírvalos calientes o templados.

pimientos rellenos

para 6 unidades

6 cucharadas de aceite de oliva, y
un poco más para untar los
pimientos

2 cebollas picadas

2 dientes de ajo majados

150 g de arroz

50 g de pasas

50 g de piñones

1 manojo de perejil, picado

1 cucharada de concentrado de
tomate diluido en 750 ml de
agua caliente

sal y pimienta

4-6 pimientos rojos, verdes o
amarillos (o una mezcla de
colores)

SUGERENCIA

Con un vaciador, una cucharilla
o un cuchillo curvado pequeño,
es fácil quitar las semillas de
los pimientos.

1 Precaliente el horno a 200 °C.
Caliente el aceite en una cazuela
de base gruesa. Fría la cebolla durante
3 minutos. Incorpore el ajo y fríalo
todo 2 minutos más o hasta que la
cebolla esté blanda, sin que llegue
a dorarse.

2 Agregue el arroz, las pasas
y los piñones y remueva hasta
que estén totalmente impregnados de
aceite. Ponga la mitad del perejil y
salpimiente la mezcla al gusto. Vierta
el concentrado de tomate diluido y
llévelo a ebullición. Cuando hierva,
reduzca el fuego y cuézalo, sin tapar,
durante 20 minutos o hasta que el
arroz esté hecho, se haya absorbido el
líquido y aparezcan pequeños agujeros
en la superficie. Agite la cazuela a
menudo durante el proceso y vaya
vigilándola porque las pasas podrían
pegarse y quemarse. Finalmente,
añada el resto del perejil y déjelo
enfriar un poco.

3 Mientras el arroz se cuece, corte
la parte superior de todos los
pimientos y guárdelas. Quíteles el
corazón y las semillas (véase
Sugerencia).

4 Reparta el relleno entre los
pimientos. Con unos palillos,
sujete la parte superior de cada uno a
guisa de tapadera. Unte ligeramente
los pimientos con aceite de oliva y
colóquelos en una sola capa en una
fuente para el horno. Áselos al horno
durante 30 minutos o hasta que estén
tiernos. Sírvalos calientes o déjelos
enfriar a temperatura ambiente.

pimientos rojos con vinagre y alcaparras

para 6 personas

1 cucharada de alcaparras

4 cucharadas de aceite de oliva

1 kg de pimientos rojos,
despepitados y cortados por
la mitad y después en tiras

4 dientes de ajo picados

2 cucharadas de vinagre de jerez

sal y pimienta

SUGERENCIA

Las alcaparras conservadas en sal son mejores para este plato que las encurtidas. Si no puede encontrarlas, pruebe con alcaparras conservadas en aceite de oliva y use el aceite para freír.

1 Si las alcaparras son saladas, quíteles casi toda la sal con los dedos. Si son encurtidas, escúrralas bien y aclárelas con mucha agua.

2 Caliente el aceite en una sartén de base gruesa y fría las tiras de pimiento a fuego medio, removiendo a menudo, durante 10 minutos o hasta que estén blandas y un poco chamuscadas por los lados. Añada las alcaparras y el ajo y fríalo todo 2 o 3 minutos más.

3 Vierta el vinagre y salpimiente la mezcla a su gusto. Si usa alcaparras saladas, no eche demasiada sal. Fríalo 1 o 2 minutos más y retírelo del fuego. Sirva los pimientos de inmediato o, si lo prefiere, déjelos enfriar, tápelos y póngalos en el frigorífico antes de servirlos.

pimientos asados con queso picante

para 6 personas

1 pimiento rojo, partido por la mitad
y despepitado

1 pimiento naranja, partido por la
mitad y despepitado

1 pimiento amarillo, partido por la
mitad y despepitado

115 g de queso Afuega'l pitu, o
cualquier otro picante, en dados

1 cucharada de miel líquida

1 cucharada de vinagre de jerez

sal y pimienta

SUGERENCIA

Afuega'l pitu significa en bable
«ahoga el gañote», perfecta
descripción *para* este queso
picante de Asturias. Si no lo
encuentra, puede usar Liptauer
húngaro: es una crema de queso
condimentada con pimentón
dulce en lugar de guindilla, pero
también es picante.

1 Precaliente el grill al máximo.
Ponga los pimientos en la
bandeja del horno, con la parte
cortada hacia abajo, en una sola capa.
Áselos bajo el grill de 8 a 10 minutos
o hasta que la piel esté arrugada y
ennegrecida. Con unas pinzas, ponga
los pimientos en una bolsa de plástico.
Átela y déjelos enfriar.

2 Cuando los pimientos se hayan
enfriado un poco, quíteles la piel
con los dedos o con un cuchillo.
Colóquelos en una fuente y cúbralos
con el queso.

3 Bata la miel y el vinagre en un bol
y salpimiente al gusto. Vierta el
aliño sobre los pimientos, tápelos y
déjelos en el frigorífico hasta el
momento de servirlos.

pimientos del piquillo rellenos

para 6 personas

200 g de cuajada, queso del Tiétar
o cualquier otro queso de cabra

400 g de pimientos en conserva,
dulces o del piquillo, escurridos

1 cucharada de eneldo fresco
picado

sal y pimienta

1 Corte el queso en trozos. Corte los pimientos a lo largo y quíteles las semillas si lo prefiere. Rellénelos con el queso.

2 Ponga los pimientos en una fuente. Espolvoréelos con el eneldo y salpiméntelos. Tápelos y déjelos en el frigorífico hasta servirlos.

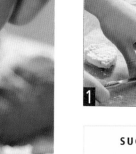

SUGERENCIA

Encontrará pimientos del piquillo en casi cualquier tienda o supermercado, pero para esta receta sirve cualquier tipo de pimiento en conserva. También puede preparar una versión más picante con guindillas encurtidas.

ensalada de judías blancas

para 4-6 personas

400 g de judías blancas cocidas

3 ramas de apio troceadas

1 pepinillo troceado

150 ml de aceite de oliva

4 cucharadas de vinagre blanco

1 diente de ajo picado

2 cucharaditas de mostaza de Dijon

1 cucharada de perejil picado

1 pizca de azúcar

sal y pimienta

cebollino fresco cortado

1 Escurra las judías, aclárelas bien con agua fría y vuelva a escurrirlas. Ponga las judías, el apio y el pepinillo en un bol.

2 Bata el aceite, el vinagre, el ajo, la mostaza, el perejil y el azúcar en otro bol y salpimiente al gusto.

3 Vierta la vinagreta por encima de la ensalada y remueva. Pásela a una fuente y esparza por encima el cebollino. Sírvala a temperatura ambiente o tápela y guárdela en el frigorífico antes de servirla.

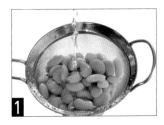

VARIACIÓN

Prepare este plato con otros tipos de judías blancas, como las arrocinas o las *cannellini*.

empanadillas

para 6-8 personas

2 cucharadas de aceite de oliva,
   y un poco más para untar

500 g de espinacas frescas

2 dientes de ajo picados

8 filetes de anchoa en aceite,
   escurridos y troceados

2 cucharadas de pasas, remojadas
   en agua caliente 10 minutos

40 g de piñones

450 g de pasta de hojaldre,
   descongelada (si lo estaba)

harina, para espolvorear

1 huevo ligeramente batido

sal y pimienta

SUGERENCIA

Las empanadillas proceden de
Galicia, aunque hoy en día se
preparan en toda España y
también en Sudamérica.

1 Precaliente el horno a 180 °C.
Unte dos bandejas para el horno
con un poco de aceite de oliva.

2 Deseche la parte más dura de los
tallos de las espinacas y córtelas
en trocitos.

3 Caliente el aceite de oliva en
una sartén grande y fría las
espinacas, tapadas, a fuego lento y
agitando la sartén de vez en cuando,
durante 3 minutos. Incorpore el ajo y
las anchoas y rehóguelo todo junto, sin
tapar, 1 minuto más. Retire la sartén
del fuego.

4 Escurra las pasas, píquelas y
agréguelas a las espinacas junto
con los piñones. Salpimiente la mezcla
al gusto. Déjelo enfriar.

5 Estire la pasta de hojaldre sobre
una superficie espolvoreada con
harina en un redondel de unos 3 mm
de grosor. Con un cortapastas de unos
7,5 cm de diámetro, corte varios
círculos. Una los retales, vuelva a
estirar las pasta y corte más círculos.

6 Con una cucharilla, ponga un
poco de relleno de espinacas en
cada círculo. Humedézcales los bordes
con agua, dóblelos para formar medias
lunas y apriételos para que queden
bien sellados. Coloque las
empanadillas en una o más bandejas
para el horno y úntelas con el huevo
batido para glasearlas. Hornéelas
durante 15 minutos o hasta que estén
doradas. Sírvalas calientes.

banderillas

para 8-10 personas

1 cucharada de vinagre blanco

4 dientes de ajo picados

1 guindilla roja fresca, sin semillas
y picada

1 cucharada de pimentón dulce

4 cucharadas de aceite de oliva

3 pechugas de pollo, deshuesadas,
sin piel y cortadas en dados

1 aguacate

3 cucharadas de zumo de limón

115 g de queso San Simón u otro
queso ahumado, en dados

8-10 aceitunas negras sin hueso

8-10 tomates cereza

85 g de queso manchego o
cheddar, en dados

8-10 aceitunas rellenas de pimiento

$^1/_2$ melón *cantaloup*, sin pepitas

5-6 lonchas de jamón serrano

PICADA

4 dientes de ajo picados

6 cucharadas de perejil picado

6 cucharas de pepino encurtido
picado

150 ml de aceite de oliva

1 Mezcle en un bol el vinagre, el ajo, la guindilla, el pimentón y el aceite de oliva. Añada el pollo, remuévalo todo bien, tápelo y déjelo macerar en el frigorífico durante 2 horas como mínimo, si pudiera ser toda la noche.

2 Caliente una sartén de base gruesa y sofría el pollo adobado a fuego lento, removiendo a menudo, de 10 a 15 minutos o hasta que esté hecho. Retire la sartén del fuego, déjelo enfriar a temperatura ambiente y pinche los dados con palillos.

3 Pele y deshuese el aguacate y córtelo en dados. Rocíelos con el zumo de limón y ensártelos en palillos con el queso ahumado. Haga también banderillas de aceitunas negras, tomates, queso manchego y aceitunas rellenas.

4 Prepare 20 bolas de melón con un vaciador o una cucharilla. Corte el jamón en 20 tiras y enróllelas alrededor de las bolas de melón. Ensarte dos bolas de melón en cada palillo.

5 Para hacer la picada, mezcle todos los ingredientes en un bol hasta obtener una pasta espesa. Disponga las banderillas en una fuente y sírvalas con la picada en una salsera aparte.

Aceitunas y frutos secos

Las almendras y las aceitunas son ingredientes tradicionales de la cocina española. En estas páginas encontrará una selección de exquisitas formas de prepararlas.

Tener un tarro o dos de aceitunas adobadas (página 84) en la despensa es perfecto para ofrecer algo más sabroso que unas simples patatas fritas con salsas envasadas a unos invitados improvisados. La receta de almendras saladas (página 89) es otro aperitivo clásico que se sirve para acompañar una bebida. Y, para variar un poco, también se puede preparar con cualquier otro tipo de fruto seco, como nueces, pistachos, cacahuetes o anacardos.

aceitunas adobadas

para llenar un tarro de ½ litro

175 g de aceitunas verdes rellenas de pimiento en salmuera, aclaradas con agua

175 g de aceitunas negras en salmuera, aclaradas con agua

55 g de pimientos asados, pelados (véase página 213) y en tiras

2 rodajas de limón

2 ramitas de tomillo fresco

1 hoja de laurel

1 guindilla roja seca

½ cucharadita de semillas de hinojo

½ cucharadita de semillas de cilantro, ligeramente majadas

aceite de oliva virgen extra

SUGERENCIA

No ponga ajo cortado en rodajas en un adobo con aceite porque puede provocar botulismo. Si desea darle sabor a ajo, use aceite de oliva al ajo comprado hecho. Si guarda el adobo en el frigorífico, el aceite se enturbiará un poco, pero volverá a su aspecto normal en cuanto lo deje a temperatura ambiente.

1 Ponga las aceitunas, el pimiento, el limón, el tomillo, el laurel, la guindilla y las semillas de hinojo y de cilantro en un tarro de cristal de ½ litro de capacidad, todo ello bien mezclado. Rellene el tarro con aceite de oliva.

2 Tape el tarro herméticamente y déjelo reposar a temperatura ambiente durante dos semanas como mínimo antes de consumir las aceitunas.

aceitunas con naranja y limón

para 4-6 personas

2 cucharaditas de semillas de hinojo

2 cucharaditas de semillas de comino

250 g de aceitunas verdes

250 g de aceitunas negras

2 cucharaditas de ralladura de
naranja

2 cucharaditas de ralladura de limón

3 chalotes picados

1 pizca de canela molida

4 cucharadas de vinagre blanco

5 cucharadas de aceite de oliva

2 cucharadas de zumo de naranja

1 cucharada de menta picada

1 cucharada de perejil picado

SUGERENCIA

Pruebe distintas variedades
de aceitunas: las aromáticas
arbequinas, las grandes, verdes
y carnosas, las suculentas
manzanilla o las perlas
de Aragón.

1 Tueste las semillas de hinojo y de comino, sin aceite, en una sartén de base gruesa, agitándola. Cuando se abran y suelten su aroma, retírelas del fuego. Deje que se enfríen.

2 Ponga las aceitunas, la ralladura de naranja y de limón, el chalote, la canela y las semillas en un bol.

3 Bata el vinagre, el aceite de oliva, el zumo de naranja, la menta y el perejil en otro bol y vierta la mezcla sobre las aceitunas. Remueva bien, tápelas y déjelas en el frigorífico durante 1 o 2 días antes de servirlas.

aceitunas envueltas en anchoa

para 12 unidades

12 filetes de anchoa en aceite

24 aceitunas verdes rellenas de
  pimiento en aceite, escurridas

1 Escurra bien los filetes de anchoa
y, con un cuchillo afilado, córtelos
por la mitad a lo largo.

2 Envuelva una aceituna con medio
filete de anchoa y ensártela en un
palillo. Ponga una segunda aceituna
en el mismo pincho. Siga haciendo
pinchos hasta acabar los ingredientes.
Sirva las aceitunas de inmediato o
tápelas hasta que vaya a servirlas.

VARIACIÓN

En lugar de usar aceitunas rellenas
de pimiento, rellene aceitunas
verdes o negras sin hueso con
almendras peladas y proceda de
igual modo.

aceitunas partidas en adobo picante

para 8 personas

450 g de aceitunas verdes grandes
    sin hueso, escurridas
4 dientes de ajo pelados
2 cucharaditas de semillas
    de cilantro
1 limón pequeño
4 ramitas de tomillo fresco
4 ramitas de hinojo
2 guindillas rojas frescas (opcional)
aceite de oliva virgen extra
pimienta

1 Para que los aromas del adobo penetren bien en las aceitunas, póngalas sobre una tabla de picar y, con un rodillo, golpéelas ligeramente para resquebrajarlas un poco. Si lo prefiere, también puede hacer un corte longitudinal en cada aceituna con un cuchillo afilado, hasta llegar al centro. Con la hoja de un cuchillo ancho, aplaste los ajos. Maje las semillas de cilantro en el mortero. Sin pelarlo, corte el limón en trozos pequeños.

2 Ponga las aceitunas, el ajo, las semillas de cilantro, el limón, el tomillo, el hinojo y las guindillas (si las usa) en un cuenco grande y remueva. Sazone con pimienta al gusto, pero no con sal porque las aceitunas en conserva son bastante saladas. Introduzca los ingredientes bien comprimidos en un tarro de cristal. Vierta aceite hasta cubrir las aceitunas y tape el tarro herméticamente.

3 Deje las aceitunas a temperatura ambiente 24 horas, y después déjelas macerar en el frigorífico al menos 1 semana antes de consumirlas. De vez en cuando, agite suavemente el tarro para mezclar los sabores. Cuando vaya a servirlas, deje las aceitunas a temperatura ambiente y sáquelas del aceite, escurriéndolas bien. Ponga palillos junto a las aceitunas para pincharlas.

almendras al pimentón

para obtener 500 g, o para 4-6 personas

1½ cucharadas de sal marina gruesa

½ cucharadita de pimentón dulce ahumado o picante, al gusto

500 g de almendras crudas

aceite de oliva virgen extra

SUGERENCIA

Es mejor y más económico comprar almendras sin pelar y pelarlas cuando se van a preparar, porque se empiezan a secar en cuanto se les quita la piel marrón que las cubre. Ponga las almendras sin pelar en un bol resistente al calor. Écheles agua hirviendo por encima y déjelas reposar 1 minuto. Escúrralas bien, séquelas y pélelas.

1 Precaliente el horno a 200 °C. Ponga la sal y el pimentón en un mortero y májelo hasta obtener un polvo fino. Si lo prefiere, use un molinillo eléctrico (las cantidades son muy pequeñas para un robot de cocina).

2 Ponga las almendras en una bandeja y tuéstelas al horno de 8 a 10 minutos, removiéndolas de vez en cuando, hasta que estén doradas y desprendan aroma a tostado. Al cabo de 7 minutos, vigile las almendras de cerca porque se queman con facilidad. Páselas a un cuenco resistente al calor.

3 Vierta una cucharada de aceite de oliva y remueva las almendras para untarlas bien. Si es necesario, añada más aceite. Espolvoree las almendras con la mezcla de sal marina y pimentón dulce y vuelva a removerlas. Páselas a un bol pequeño y sírvalas a temperatura ambiente.

almendras saladas

para 6-8 personas

225 g de almendras crudas, con la
piel o peladas (véase método)
4 cucharadas de aceite de oliva
sal marina gruesa
1 cucharadita de pimentón dulce
o comino molido (opcional)

1 Precaliente el horno a 180 °C. Las
almendras sin pelar saben mejor,
pero es más cómodo usarlas peladas.
Si no están peladas, póngalas en un
cuenco y cúbralas con agua hirviendo.
Al cabo de 3 o 4 minutos, sumérjalas
en agua fría durante 1 minuto.
Escúrralas bien en un colador y pélelas
con los dedos. Póngalas sobre papel
de cocina para que queden bien secas.

2 Vierta el aceite de oliva en una
bandeja para el horno y ladéela
en todas direcciones para engrasar
toda la base. Ponga las almendras,
remuévalas para que queden bien
impregnadas de aceite y luego
extiéndalas en una sola capa.

3 Tueste las almendras en el horno,
unos 20 minutos o hasta que
estén ligeramente doradas. Póngalas
sobre papel de cocina para que
absorba el aceite y después páselas
a un bol.

4 Mientras las almendras estén aún
templadas, espolvoréelas con
abundante sal marina y con pimentón
o comino si lo desea, removiendo para
que queden sazonadas por igual.
Sírvalas templadas o frías. Las
almendras están más buenas recién
tostadas y condimentadas. Por lo
tanto, si es posible, prepárelas el
mismo día que vaya a servirlas.
Se pueden guardar hasta 3 días en
un tarro hermético.

Huevos y queso

Existen infinidad de tapas con huevo, como los huevos rellenos picantes (página 96) o la tan deliciosa como clásica tortilla de patatas (página 100). Son sabrosas recetas preparadas con ingredientes sencillos. En otras recetas de tortilla se incorporan espinacas o chorizo para variar un poco. La tortilla al horno (página 98), que se sirve como pincho en los bares de Madrid, es una tapa mucho más ligera.

En España se elabora una gran variedad de quesos, así como de platos con queso, pero algunos de ellos es difícil encontrarlos fuera de su comunidad de origen. Por eso se sugieren otras alternativas cuando se considera que el queso típico de cierta región es poco común.

huevos revueltos a la vasca

para 4-6 personas

3-4 cucharadas de aceite de oliva

1 cebolla grande picada

1 pimiento rojo grande, sin semillas y troceado

1 pimiento verde grande, sin semillas y troceado

2 tomates grandes, pelados, sin semillas (véase página 167) y troceados

55 g de chorizo, cortado en rodajas finas y sin la piel

40 g de mantequilla

10 huevos grandes, medio batidos

sal y pimienta

4-6 rebanadas de pan de hogaza, tostadas, para acompañar

1 Caliente a fuego medio 2 cucharadas de aceite de oliva en una sartén de base gruesa. Añada la cebolla y los dos tipos de pimiento y sofríalo durante 5 minutos o hasta que las hortalizas estén blandas, aunque no doradas. Incorpore el tomate y caliéntelo. Páselo todo a una fuente refractaria y manténgalo caliente en el horno, a baja temperatura.

2 Ponga otra cucharada de aceite en la sartén y fría el chorizo durante 30 segundos, sólo para calentarlo un poco y que el aceite se impregne de su sabor. Ponga el chorizo con los ingredientes reservados.

3 Si es necesario, eche un poco más de aceite en la sartén. Funda la mantequilla. Salpimiente el huevo y viértalo en la sartén. Remuévalo hasta que esté a su gusto. Añada los ingredientes reservados y remueva bien. Sirva los huevos revueltos de inmediato, con tostadas calientes.

huevos a la vasca con pimientos

para 6 personas

2 pimientos rojos, partidos por la
mitad y sin semillas

6 huevos duros, fríos, sin cáscara
y cortados en rodajas

2 cucharadas de vinagre blanco

5 cucharadas de aceite de oliva

1 chalote picado

2 cucharaditas de eneldo picado

1 pizca de azúcar

sal y pimienta

VARIACIÓN

Si desea dar más color al plato,
use un pimiento rojo y otro
naranja o amarillo. El sabor de
los verdes es demasiado fuerte.

---

1 Ponga agua a hervir en una olla
y escalde los pimientos durante
5 minutos. Escúrralos, aclárelos con
agua fría y vuelva a escurrirlos.
Séquelos con papel de cocina y
córtelos en tiras.

2 Distribuya las rodajas de huevo
en bandejitas y cúbralas con las
tiras de pimiento. Si lo desea, dibuje
un enrejado con las tiras.

3 Bata el vinagre, el aceite, el
chalote, el eneldo y el azúcar en
un bol y salpimiente. Vierta el aliño
con una cuchara por encima de los
huevos y sírvalos inmediatamente.

huevos flamencos

para 4 personas

4 cucharadas de aceite de oliva

1 cebolla cortada en rodajas finas

2 dientes de ajo picados

2 pimientos rojos, sin semillas
y troceados

4 tomates, pelados (véase página
167) y troceados

1 cucharada de perejil picado

200 g de maíz dulce de lata,
escurrido

4 huevos

sal y cayena molida

SUGERENCIA

Si lo prefiere, prepare los huevos
en una fuente grande de asados
y sírvalos en la mesa, en cuyo
caso tendrá que dejarlos en el
horno un ratito más.

1 Precaliente el horno a 180 °C.
Caliente el aceite de oliva en
una sartén de base gruesa. Añada la
cebolla y el ajo y fríalo a fuego lento,
removiéndolo de vez en cuando,
durante 5 minutos o hasta que los
ingredientes se ablanden. Incorpore
el pimiento y fríalo todo, removiendo
de vez en cuando, 10 minutos más.
Añada el tomate y el perejil, sazone
con sal y cayena molida y fríalo todo
otros 5 minutos. Agregue el maíz y
retire la sartén del fuego.

2 Reparta la mezcla en 4 cuencos
individuales para el horno.
Haga un hueco con una cuchara en
la superficie. Casque un huevo en cada
hueco.

3 Ase los huevos al horno de 15 a
25 minutos o hasta que estén
hechos. Sírvalos calientes.

huevos rellenos picantes

para 16 unidades

8 huevos grandes

2 pimientos del piquillo en conserva

8 aceitunas verdes

5 cucharadas de mayonesa

8 gotas de tabasco

1 buena pizca de cayena molida

sal y pimienta

pimentón dulce, para espolvorear

ramitas de eneldo fresco,

    para adornar

1 Para cocer los huevos, póngalos en un cazo, cúbralos con agua fría y llévela a ebullición. Cuando el agua hierva, reduzca el fuego al mínimo, tape el recipiente y cueza los huevos unos 10 minutos. Escúrralos y aclárelos con agua fría hasta que se enfríen. Enfriándolos rápidamente se evita que se forme un círculo negruzco alrededor de la yema. Golpee suavemente los huevos para resquebrajar las cáscaras y espere a que estén completamente fríos; entonces, pélelos.

2 Con un cuchillo de acero inoxidable, corte los huevos por la mitad a lo largo y saque las yemas. Páselas por un colador de nailon colocado sobre un bol y después cháfelas con una cuchara o un tenedor de madera. Si es necesario, enjuague las claras con agua fría y séquelas bien.

3 Escurra los pimientos sobre papel de cocina, reserve una tiras y trocee el resto. Trocee también las aceitunas, pero reserve 16 rodajas para decorar. Si piensa rellenar los huevos con una manga, tendrá que picarlo todo muy bien para que no se atasque una boquilla de 1 cm de diámetro. Mezcle los pimientos y las aceitunas troceados con las yemas. Incorpore la mayonesa, mézclelo bien y agregue el tabasco y la cayena molida. Salpimiente al gusto.

4 Ponga la pasta en una manga pastelera con una boquilla lisa de 1 cm de diámetro y rellene las claras. Si lo prefiere, también puede distribuir el relleno con una cucharilla.

5 Disponga los huevos rellenos en una fuente y adórnelos con las tiras de pimiento y las rodajas de aceituna reservadas. Espolvoréelos con un poco de pimentón dulce y complete la decoración con ramitas de eneldo.

huevos rellenos

para 6 personas

6 huevos duros, fríos y pelados

120 g de sardinas de lata en aceite
de oliva, escurridas

4 cucharadas de zumo de limón

1 chorrito de tabasco

1-2 cucharadas de mayonesa

50 g de harina

85 g de pan blanco rallado

1 huevo grande ligeramente
batido

aceite vegetal, para freír

sal y pimienta

ramitas de perejil, para adornar

SUGERENCIA

El sabor de las sardinas de lata
mejora con tomillo. Las latas se
conservan durante años. Deles la
vuelta regularmente y guárdelas
en un lugar fresco, nunca en el
frigorífico. Si desea sardinas de
la mejor calidad, cómprelas
conservadas en aceite de oliva.

---

1 Corte los huevos por la mitad a lo largo, quite las yemas con una cucharilla, colóquelas en un colador de malla fina y reserve las claras. Pase las yemas por el colador colocado sobre un bol.

2 Chafe las sardinas con un tenedor y mézclelas con la yema. Vierta el zumo de limón y el tabasco y añada suficiente mayonesa para hacer una pasta. Salpimiéntela al gusto.

3 Con una cuchara, ponga el relleno en las claras, colmándolas bien. Coloque la harina y el pan rallado en sendos platos hondos. Pase los huevos por harina primero, a continuación por el huevo batido y finalmente por el pan rallado.

4 Caliente el aceite vegetal en una freidora o en una sartén grande a 190 °C o hasta que un trocito de pan se dore en 30 segundos. Fría los huevos, en tandas si es necesario, durante 2 minutos o hasta que estén dorados. Escúrralos sobre papel de cocina y sírvalos calientes, adornados con ramitas de perejil.

tortilla al horno

para 48 bocaditos

aceite de oliva

1 diente grande de ajo, majado

4 cebolletas, picada por un lado la
 parte blanca y por otro la verde

1 pimiento verde, sin semillas
 y cortado en dados

1 pimiento rojo, sin semillas
 y cortado en dados

175 g de patatas hervidas, peladas
 y cortadas en dados

5 huevos grandes

125 g de nata agria

175 g de queso roncal, cheddar
 o parmesano, recién rallado

3 cucharadas de cebollino fresco
 cortado

sal y pimienta

ensalada verde, para servir

1 Precaliente el horno a 190 °C.
Forre una bandeja de unos 18 x
25 cm con papel de aluminio y úntela
con aceite de oliva. Resérvela.

2 Ponga un poco de aceite de
oliva, el ajo, las cebolletas y el
pimiento en una sartén y fríalo a fuego
medio, removiendo a menudo, durante
10 minutos o hasta que las cebolletas
estén tiernas, sin dorarse. Déjelo
enfriar un poco y añada las patatas.

3 Bata en un bol los huevos, la nata
agria, el queso y el cebollino.
Agregue el sofrito anterior enfriado
y salpimiente la mezcla al gusto.

4 Vierta la mezcla en la bandeja
preparada y repártala bien. Cueza
la tortilla al horno de 30 a 40 minutos,
o hasta que esté dorada, haya subido
y esté hecha por dentro. Pase una
espátula por los bordes, coloque la
tortilla en una tabla de picar, con la
parte dorada hacia arriba, y retire el
papel de aluminio. Si la superficie de
la tortilla aún está un poco líquida,
séquela bajo el grill.

5 Deje que la tortilla se enfríe del
todo. Si es necesario, recorte los
bordes, y luego córtela en 48 trocitos.
Sírvalos en una fuente con palillos, o
bien colóquelos sobre una rebanada
de pan. Acompañe la tapa con una
ensalada verde.

tortilla de patatas

para 8-10 raciones

125 ml de aceite de oliva

600 g de patatas, peladas y en
rodajas finas

1 cebolla grande, en rodajas finas

6 huevos grandes

sal y pimienta

perejil, para adornar

1 -Caliente el aceite de oliva en
una sartén de unos 25 cm de
diámetro, a fuego fuerte. Reduzca
el fuego, incorpore las patatas y la
cebolla y fríalas de 15 a 20 minutos o
hasta que las patatas estén tiernas.

SUGERENCIA

Si no se atreve a dar la vuelta
a la tortilla, puede acabar de
hacerla bajo el grill, a unos
10 cm, a fuego medio. Cuájela
hasta que se dore. Así seguro
que no se le cae, aunque la
forma de la tortilla no quedará
tan bonita.

2 Bata los huevos en un bol y
salpiméntelos bien. Escurra las
patatas y la cebolla en un colador
colocado encima de un cuenco
resistente al calor y reserve el aceite.
Mezcle las patatas y la cebolla con
el huevo, muy suavemente, y déjelo
reposar durante 10 minutos.

3 Con una espátula o una cuchara
de madera, retire cualquier trozo
que haya podido quedar pegado en
la sartén. Caliente en la misma sartén
4 cucharadas del aceite de freír las
patatas y la cebolla, a fuego medio.
Vierta la mezcla y extiéndala bien en
una capa homogénea.

4 Cuaje la tortilla durante
5 minutos, agitando la sartén de
vez en cuando, hasta que la base esté
en su punto. Con la espátula, separe
los bordes de la tortilla. Coloque un
plato llano y grande encima de la
sartén, sujételo con una mano plana y,
cogiendo el mango de la sartén con la
otra y con cuidado, dele la vuelta, de
modo que la tortilla quede en el plato
(véase Sugerencia).

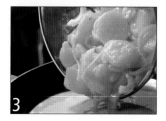

5 Ponga en la sartén el resto del
aceite reservado y muévala un
poco para que quede bien repartido.
Con cuidado, deslice la tortilla a la
sartén para hacerla por el otro lado.
Meta la espátula por los bordes para
que no se pegue.

6 Continúe la cocción 3 minutos
más, o hasta que la tortilla esté
dorada. Aparte la sartén del fuego y
deslice la tortilla en un plato. Déjela
reposar durante 5 minutos como
mínimo antes de cortarla. Adórnela
con perejil y sírvala.

tortilla de espinacas y champiñones

para 4 personas

2 cucharadas de aceite de oliva

3 chalotes picados

350 g de champiñones, en láminas

280 g de hojas de espinaca frescas

55 g de almendras fileteadas
   tostadas

5 huevos

2 cucharadas de perejil picado

2 cucharadas de agua fría

85 g de queso de Mahón (véase
   Sugerencia de la página 106),
   manchego o parmesano, rallado

sal y pimienta

1 Caliente el aceite de oliva en una sartén que pueda ir al horno y sofría el picadillo de chalote durante 5 minutos o hasta que esté tierno. Agregue los champiñones y fríalos a fuego lento, sin dejar de remover, 4 minutos más. Añada las espinacas, suba el fuego y fríalas 3 o 4 minutos, o hasta que se pochen. Baje el fuego, salpimiente la mezcla al gusto e incorpore las almendras.

2 En un bol, bata los huevos con el perejil, el agua, sal y pimienta. Vierta la mezcla en la sartén y cuézalo todo de 5 a 8 minutos, o hasta que la parte de abajo de la tortilla esté dorada. Levante los bordes de la tortilla de vez en cuando para que el huevo caiga hacia abajo. Mientras tanto, precaliente el grill al máximo.

3 Espolvoree el queso rallado por encima de la tortilla y deje la sartén bajo el grill 3 minutos o hasta que se dore por encima y el queso se haya fundido. Sírvala templada o fría, cortada en triángulos.

tortilla de chorizo y queso

para 8 personas

2 patatas pequeñas

4 cucharadas de aceite de oliva

1 cebolla pequeña, troceada

1 pimiento rojo, sin semillas
y troceado

2 tomates, sin semillas y cortados
en dados

140 g de chorizo, picado

8 huevos grandes

2 cucharadas de agua fría

55 g de queso de Mahón (véase
Sugerencia de la página 106),
manchego o parmesano, rallado

sal y pimienta

1 Cueza las patatas en agua ligeramente salada, de 15 a 20 minutos o hasta que estén tiernas. Escúrralas, deje que se enfríen un poco y córtelas en dados.

2 Caliente el aceite de oliva en una sartén grande que pueda ir al horno. Sofría la cebolla, el pimiento y el tomate a fuego lento, removiendo de vez en cuando, durante 5 minutos. Incorpore las patatas y el chorizo y fríalo todo 5 minutos más. Mientras tanto, precaliente el grill al máximo.

3 En un bol, bata los huevos con el agua y sal y pimienta al gusto. Vierta el huevo en la sartén y cueza la tortilla de 8 a 10 minutos o hasta que esté dorada por debajo. Levante los bordes de la tortilla de vez en cuando para que el huevo caiga hacia abajo. Espolvoree el queso rallado por encima de la tortilla y acabe de hacerla bajo el grill 3 minutos, o hasta que se dore por arriba y el queso se haya fundido. Sírvala templada o fría, cortada en triángulos.

nidos de tomate

para 4 personas

4 tomates grandes maduros

4 huevos grandes

4 cucharadas de nata enriquecida

4 cucharadas de queso de Mahón,
  manchego o parmesano, rallado

sal y pimienta

SUGERENCIA

El queso de Mahón, típico
de Menorca, recuerda el
parmesano: es un queso duro
de textura granulosa.

1 Precaliente el horno a 180 °C.
Corte una rodaja de la parte
superior de los tomates y, con una
cucharilla, quíteles la pulpa y las
semillas sin agujerear los cascarones.
Coloque los tomates boca abajo sobre
papel de cocina y deje que se escurran
bien durante 15 minutos. Salpimiente
el interior de los tomates.

2 Coloque los tomates en una
fuente para el horno en la que
quepan los cuatro. Casque un huevo
con cuidado dentro de cada tomate.
Ponga después 1 cucharada de nata
y otra de queso rallado.

3 Ase los tomates en el horno de
15 a 20 minutos, o hasta que los
huevos estén hechos. Sírvalos
calientes.

huevos con queso

para 6 personas

6 huevos duros, fríos y sin cáscara

3 cucharadas de queso manchego
o cheddar rallado

1-2 cucharadas de mayonesa

2 cucharadas de cebollino fresco
cortado

1 guindilla roja fresca, sin semillas
y picada

sal y pimienta

hojas de lechuga, para acompañar

VARIACIÓN

Para ocasiones especiales, use
huevos de codorniz. Necesitará
unos 18. Cuézalos durante 3 o
4 minutos, aclárelos con agua
fría y pélelos inmediatamente.

1 Corte los huevos por la mitad
a lo largo. Con una cucharilla,
quíteles las yemas y póngalas en un
colador de malla fina. Reserve las
claras. Pase las yemas por el colador
colocado encima de un bol. Mézclelas
con el queso rallado, la mayonesa, el
cebollino y la guindilla. Salpimiente la
pasta a su gusto.

2 Con una cuchara, reparta el
relleno entre las claras.

3 Disponga las hojas de lechuga en
platos individuales y coloque los
huevos encima. Tape los platos y
déjelos en el frigorífico hasta que vaya
a servirlos.

higos con queso azul

para 6 personas

ALMENDRAS CARAMELIZADAS

100 g de azúcar lustre

115 g de almendras enteras

mantequilla, para untar

PARA SERVIR

12 higos maduros

350 g de queso azul español, como

el Picón, desmenuzado

aceite de oliva virgen extra

SUGERENCIA

Puede guardar los frutos secos
en un tarro hermético hasta
3 días. Si se guardan más tiempo
se reblandecen.

VARIACIÓN

Las nueces también se pueden
caramelizar, y por lo tanto
también sirven para esta receta.

1 En primer lugar, caramelice las almendras: caliente el azúcar en un cazo a fuego medio y remueva hasta que se derrita, se ponga de color marrón y burbujee. Cuando lo haga, deje de remover. Retire el cazo del fuego, añada las almendras una a una y deles la vuelta para que queden bien impregnadas. Si el caramelo se endureciera, vuelva a calentarlo. Pase las almendras a una bandeja ligeramente engrasada. Déjelas reposar hasta que se enfríen y endurezcan.

2 Cuando vaya a servir el plato, corte los higos por la mitad y ponga 4 mitades en platos individuales. Trocee las almendras con los dedos. Ponga un poco de queso azul en cada plato y espolvoréelo con trozos de almendra. Rocíe los higos ligeramente con aceite de oliva.

empanadillas de queso y aceitunas

para 26 unidades

85 g de queso duro o cremoso
(véase Sugerencia)

85 g de aceitunas verdes sin hueso

55 g de tomates secados al sol
en aceite, escurridos

50 g de filetes de anchoa en aceite,
escurridos

55 g de pasta de tomates secados
al sol

500 g de pasta de hojaldre,
descongelada (si lo estaba)

harina, para espolvorear

huevo batido, para glasear

pimienta

ramitas de perejil, para adornar

SUGERENCIA

Estas empanadillas
se pueden hacer con queso
manchego, cheddar, gruyer,
gouda, mozzarella o cualquier
queso de cabra duro.

1 Precaliente el horno a 200 °C.
Corte el queso en daditos de
5 mm. Corte las aceitunas, los tomates
secados al sol y las anchoas en trocitos
del mismo tamaño que el queso.
Ponga todos esos ingredientes en
un cuenco, sazónelos con pimienta
y mézclelos con la pasta de tomate.

2 Estire con un rodillo la pasta de
hojaldre sobre una superficie
espolvoreada con harina hasta que
quede fina. Con un cortapastas de
unos 8 cm de diámetro, corte
18 círculos. Una los recortes, vuelva
a estirar las pasta y corte los otros
8 círculos. Con una cucharilla, ponga
un poco de relleno en el centro de
cada círculo.

3 Humedezca los bordes de los
círculos con agua, dóblelos por
la mitad para cubrir el relleno y
pellizque los bordes unidos con los
dedos para que queden bien sellados.
Con la punta de un cuchillo afilado,
haga una incisión en la parte superior
de cada empanadilla. Puede guardarlas
en el frigorífico hasta que decida
hornearlas.

4 Ponga las empanadillas en una
o más bandejas para el horno
y úntelas con el huevo batido para
glasearlas. Hornéelas durante 10 o
15 minutos, o hasta que hayan subido
y estén doradas y crujientes. Puede
servir las empanadillas muy calientes,
templadas o frías. Decórelas con
ramitas de perejil.

buñuelos de queso con salsa picante

para 8 personas

70 g de harina

50 ml de aceite de oliva

150 ml de agua

2 huevos batidos

55 g de queso manchego, cheddar,
    parmesano, o gouda, rallado

$^1/_2$ cucharadita de pimentón dulce

aceite de girasol, para freír

sal y pimienta

SALSA PICANTE DE TOMATE

2 cucharadas de aceite de oliva

1 cebolla pequeña, picada

1 diente de ajo, majado

1 chorrito de vino blanco seco

400 g de tomate triturado de lata

1 cucharada de concentrado de
    tomate

$^1/_4$ - $^1/_2$ cucharadita de copos de
    guindilla

unas gotas de tabasco

1 pizca de azúcar

sal y pimienta

1 Para hacer la salsa, caliente el
aceite en un cazo y fría la cebolla
5 minutos o hasta que esté blanda, sin
que llegue a dorarse. Agregue el ajo y
fríalo todo otros 30 segundos. Añada
el vino, déjelo borbotear, incorpore el
resto de los ingredientes de la salsa y
cuézala a fuego lento, sin taparla, de
10 a 15 minutos o hasta que se
espese. Póngala en un bol y resérvela.

2 Mientras tanto, prepare los
buñuelos. Tamice la harina sobre
un plato o papel vegetal. Caliente el
aceite de oliva y el agua en un cazo.
Cuando empiece a hervir, aparte el
cazo del fuego y eche de golpe toda la
harina. Con una cuchara de madera,
remueva la mezcla hasta que esté fina
y se separe de las paredes del cazo.

3 Deje enfriar la pasta 1 o
2 minutos e incorpore el huevo
poco a poco, batiendo bien después de
cada chorrito, de modo que la pasta se
mantenga siempre consistente. Añada
el queso y el pimentón, salpimiente
y remueva para mezclarlo todo bien.
Si lo desea, puede guardar la pasta
en el frigorífico hasta que vaya a freír
los buñuelos.

4 Justo antes de servir los
buñuelos, caliente abundante
aceite de girasol a 180 o 190 °C o
hasta que un trocito de pan se dore en
30 segundos. Eche en el aceite caliente
cucharaditas de pasta, en tandas, y,
dándoles la vuelta una vez, fría los
buñuelos 2 o 3 minutos o hasta que
estén bien dorados. Los buñuelos
se tienen que hinchar y subir a la
superficie. Una vez fritos, escúrralos
bien sobre papel de cocina.

5 Sirva los buñuelos muy calientes,
acompañados de la salsa picante
para mojar y palillos para pincharlos.

queso burgos con vinagre de jerez

para 4 personas

400 g de queso burgos

1-2 cucharadas de miel líquida

3 cucharadas de vinagre de jerez

PARA ACOMPAÑAR

palitos de zanahoria

jerez, servido frío

1 Ponga el queso en un bol, remuévalo hasta que esté cremoso y mézclelo con 1 cucharada de miel y 1½ cucharadas de vinagre.

2 Pruébelo y rectifíquelo con más miel o vinagre a su gusto.

3 Repártalo en 4 cuencos individuales, tápelos y déjelos en el frigorífico hasta el momento de servirlos. Sirva el queso con palitos de zanahoria y jerez frío.

SUGERENCIA

El queso burgos, que adopta el nombre de la ciudad castellana donde se elabora, es un queso blanco no pasterizado, elaborado con leche de vaca y/o de cabra. La cuajada del norte de Navarra es parecida, y esta receta también se puede preparar con mascarpone, un queso italiano.

queso manchego frito

para 6-8 personas

200 g de queso manchego

3 cucharadas de harina

1 huevo

1 cucharadita de agua

85 g de pan rallado, blanco
   o integral

aceite de girasol, para freír

sal y pimienta

1 Corte el queso en triangulitos de unos 2 cm de grosor o, si lo prefiere, en dados. Ponga la harina en una bolsa de plástico y salpimiéntela al gusto. Casque el huevo y bátalo en un plato con el agua. Ponga el pan rallado en otro plato.

2 Pase los trozos de queso por harina, huevo y pan rallado, en ese orden. Asegúrese de que queden bien rebozados. Póngalos en un plato grande y guárdelos en el frigorífico hasta que decida servirlos.

3 Cuando llegue el momento, vierta dos dedos de aceite de girasol en una sartén de base gruesa o en una freidora. Caliéntelo a 180-190 °C o hasta que un trocito de pan se dore en 30 segundos. Fría los trozos de queso 1 o 2 minutos, en tandas de unos 4 o 5 trozos para que la temperatura del aceite no baje, dándoles la vuelta una vez, hasta que el queso empiece a fundirse y se dore. Antes de freír una nueva tanda, asegúrese de que el aceite esté bien caliente porque de otro modo el rebozado tardaría demasiado en ponerse crujiente y el queso podría rezumar.

4 Una vez fritos, retire los trozos de queso de la sartén o la freidora con una rasera y escúrralos sobre papel de cocina. Sírvalos calientes, con palillos para pincharlos.

ensalada de judías blancas y cabrales

para 4 personas

150 g de judías del norte secas, en
remojo 4 horas o toda la noche

1 hoja de laurel

4 cucharadas de aceite de oliva

2 cucharadas de vinagre de jerez

2 cucharaditas de miel líquida

1 cucharadita de mostaza de Dijon

sal y pimienta

2 cucharadas de almendras
fileteadas tostadas

200 g de cabrales u otro queso
azul, desmigajado

1 Escurra las judías y póngalas en
una olla. Cúbralas con agua y
añada la hoja de laurel; llévelas a
ebullición. Cuézalas durante 1-1½
horas o hasta que estén tiernas.
Escúrralas, póngalas en un bol y
déjelas enfriar un poco. Retire la hoja
de laurel.

2 Mientras tanto, prepare el aliño.
Bata el aceite de oliva, el vinagre,
la miel y la mostaza en un bol y
salpimiente al gusto. Vierta el aliño por
encima de las judías y remuévalas con
suavidad. Añada las almendras y
vuelva a remover la ensalada. Déjela
reposar a temperatura ambiente.

3 Sirva las judías en platos
individuales y esparza un poco
de queso por encima antes de llevarlas
a la mesa.

queso con chalotes a las hierbas

para 6 personas

1 cucharadita de semillas de
    sésamo y ¼ de comino
4 tomates, sin semillas y en dados
5 cucharadas de aceite de oliva
4 cucharadas de zumo de limón
2 cucharaditas de tomillo fresco
1 cucharada de menta fresca picada
4 chalotes picados
500 g de idiazábal o cualquier otro
    queso de oveja, en dados
sal y pimienta

1 Tueste las semillas de sésamo
y de comino sin aceite, en
una sartén pequeña, agitándola
constantemente, hasta que se abran
y suelten su aroma. Retírelas del fuego
y déjelas enfriar.

2 Ponga el tomate en un bol, y,
para hacer el aliño, bata en otro
el aceite de oliva y el zumo de limón.
Salpimiente la mezcla al gusto y
añádale el tomillo, la menta y el
picadillo de chalote. Mézclelo bien.

SUGERENCIA

Este plato del sur de España
muestra la influencia del norte de
África por las semillas de comino
y de sésamo y la menta. Aunque
se considera un queso duro, el
idiazábal es bastante cremoso
y tiene un delicioso sabor
ahumado. Se elabora con leche
de oveja, siguiendo los métodos
tradicionales del País Vasco y
Navarra. Si no encuentra, use
mozzarella ahumada o, de sabor
más suave, un feta.

3 Ponga el queso en otro bol. Vierta
la mitad del aliño por encima del
tomate y remueva. Cúbralo con film
transparente y déjelo en el frigorífico
durante 1 hora. Vierta el resto del aliño
sobre el queso y déjelo también
tapado en el frigorífico 1 hora.

4 Para servir el plato, reparta el
queso aliñado entre 6 platos
individuales y espolvoree con la mitad
de las semillas tostadas. Cúbralo con
el tomate aliñado y espolvoréelo
con el resto de las semillas.

queso con membrillo

para 6 personas

350 g de queso manchego
en lonchas
MEMBRILLO
500 g de membrillo
1 litro de agua
azúcar para hacer mermelada

SUGERENCIA

Esta es una tapa tradicional, pero
cabe recordar que el membrillo
es también excelente servido
con cerdo o cualquier pieza
de caza asada.

1 Trocee el membrillo, sin pelarlo,
y ponga los trozos en una olla
grande de base gruesa. Añada el agua
y llévela a ebullición a fuego fuerte.
Cuando hierva, reduzca la temperatura
y cueza el membrillo a fuego lento
durante 45 minutos o hasta que esté
muy tierno.

2 Ponga el membrillo en una bolsa
para jalea colocada encima de un
bol. Si lo prefiere, ate una estopilla
grande (con seguridad, pero sin apretar
demasiado) a las patas de un taburete

colocado del revés, ponga un cuenco
debajo y vierta la mezcla en la
estopilla. Déjelo reposar 8 horas como
mínimo para permitir que suelte su
jugo a través de la tela. No lo estruje
porque se estropearía la jalea.

3 Pese el jugo y viértalo en un cazo.
Añada 500 g de azúcar para
mermeladas por cada 650 ml de jugo.
Llévelo a ebullición a fuego medio, sin
dejar de remover, hasta que el azúcar
se haya disuelto. Suba el fuego y
cuézalo rápidamente hasta que la
temperatura de un termómetro de
azúcar marque 104 °C. Si no tiene un
termómetro de azúcar, retire el cazo del
fuego y ponga una cucharada de la
mezcla en una salsera fría para hacer
la comprobación. Déjela en un lugar
fresco durante unos minutos. Si se
forma una piel que se pueda arrugar
apretando con un dedo, la jalea está
preparada. En caso contrario, devuelva
el cazo al fuego 1 minuto más y vuelva
a comprobar.

4 Con un cucharón, ponga la jalea
en tarros calientes y esterilizados.
Tápelos y ciérrelos herméticamente.
Cuando se hayan enfriado, etiquete los

tarros y guárdelos en un lugar oscuro
y fresco hasta que los vaya a usar.

5 Para servir el plato, coloque
lonchas de queso manchego
en una bandeja y ponga 2 cucharadas
generosas de membrillo por encima
de cada una.

Pescado y marisco

España está rodeada de mar, además de contar

con las islas Baleares y Canarias, y eso tenía que

notarse en su gastronomía, incluidas las tapas.

Este capítulo refleja las diferencias culinarias entre las distintas regiones, con

recetas que abarcan desde las famosas sardinas a la plancha (página 138) de la

costa mediterránea hasta el salmón fresco al mojo picón (página 130) típico de

las islas Canarias. El bacalao, muy usado en la cocina vasca, es la estrella de los

buñuelos de bacalao y espinacas (página 122). También encontrará una gran

variedad de tapas con gambas y langostinos (páginas 162-174), a cuál más

deliciosa. Y como no podía ser de otra forma, el capítulo incluye la receta de los

siempre oportunos calamares a la romana (página 152).

buñuelos de bacalao y espinacas

para unas 16 unidades

250 g de bacalao salado, en una
　　pieza

140 g de harina

1 cucharadita de levadura en polvo

1/4 de cucharadita de sal

1 huevo grande, ligeramente batido

unos 150 ml de leche

2 rodajas de limón

2 ramitas de perejil

1 hoja de laurel

1/2 cucharada de aceite de oliva
　　al ajo

85 g de espinacas frescas
　　pequeñas, lavadas

1/4 de cucharadita de pimentón
　　ahumado, picante o no

aceite de oliva

sal marina gruesa (opcional)

alioli (véase página 12)

1 Ponga el bacalao en un bol grande, cúbralo con agua fría y déjelo en remojo durante 48 horas. Cambie el agua 3 veces al día, o según le aconsejen en la bacaladería.

2 Prepare la pasta. Ponga la harina, la levadura y la sal en un cuenco y mézclelo bien. Añada el huevo y unos 125 ml de leche. Mézclelo todo hasta obtener una pasta suave pero consistente. Si le parece demasiado espesa, vierta el resto de la leche poco a poco. Déjela reposar durante 1 hora como mínimo.

3 Cuando el bacalao esté desalado, póngalo en una sartén grande con las rodajas de limón, el perejil y la hoja de laurel, cúbralo con agua y llévelo a ebullición. Reduzca el fuego y cuézalo de 30 a 45 minutos o hasta que esté tierno y se rompa fácilmente.

4 Mientras tanto, prepare las espinacas. Caliente el aceite al ajo en un cazo a fuego medio. Añada las espinacas, escurridas pero no secas, y sofríalas 3 o 4 minutos o hasta que se arruguen.

5 Escurra las espinacas en un colador, presionando con una cuchara de madera para quitar el exceso de humedad. Trocéelas y añádalas a la pasta con el pimentón. Mezcle bien.

6 Saque el pescado del agua y trocéelo. Quítele la piel y las espinas. Mezcle los trozos de bacalao con la pasta.

7 Caliente unos tres dedos de aceite de oliva en una sartén de base gruesa a 180-190 °C o hasta que un trocito de pan se dore en 30 segundos. Con una cuchara engrasada, eche porciones de pasta en la sartén y fría los buñuelos de 8 a 10 minutos o hasta que estén dorados. Si es necesario, hágalos en tandas. Saque los buñuelos de la sartén con una rasera y déjelos sobre papel de cocina para que absorba el exceso de aceite. Finalmente, sazónelos con sal marina si lo desea.

8 Sírvalos calientes o a temperatura ambiente, con alioli para mojar adornado con una ramita de perejil.

esqueixada

para 4-6 personas

400 g de bacalao salado, en una
pieza

6 cebolletas, en rodajas diagonales

6 cucharadas de aceite de oliva
virgen extra

1 cucharada de vinagre de jerez

1 cucharada de zumo de limón

2 pimientos rojos grandes, asados y
pelados (véase página 74), sin
semillas y en dados

12 aceitunas negras grandes, sin
hueso y cortadas en rodajas

2 tomates grandes y jugosos,
cortados en rodajas

pimienta

2 cucharadas de perejil picado

SUGERENCIA

Para preparar una versión
moderna de esta ensalada, deje
el bacalao desalado en el
congelador 30 minutos y
después córtelo en rodajas muy
finas. (Si intenta cortarlo
sin congelarlo, se le
desmenuzará.)

1 Ponga el bacalao en un bol
grande, cúbralo con agua fría y
déjelo en remojo 48 horas. Cambie el
agua 3 veces al día, o según le
aconsejen en la bacaladería.

2 Escurra y seque el bacalao con
papel de cocina, quítele la piel
y las espinas y rómpalo en tiras con
los dedos. Póngalo en una fuente no
metálica con las cebolletas, el aceite,
el vinagre y el zumo de limón; mezcle
bien. Sazone con pimienta, tápelo y
déjelo o en el frigorífico 3 horas.

3 Añada el pimiento y las
aceitunas. Pruebe la ensalada y
rectifíquela si es necesario. Recuerde
que el bacalao y las aceitunas son muy
salados. Disponga el tomate en una
ensaladera o en platos y reparta la
esqueixada por encima. Espolvoréela
con perejil picado y sírvala.

VARIACIÓN

Para una tapa de verano, corte
tomates pequeños por la mitad y
quíteles las semillas con una
cucharilla. Sazónelos con sal
marina y deje que se escurran
boca abajo sobre papel de cocina
30 minutos. Ponga *esqueixada*
dentro de los tomates y
espolvoréelos con perejil.
También se pueden rellenar
pimientos del piquillo, como en
la receta de la página 76.

bacalao frito

para 6 personas

350 g de bacalao salado

600 ml de leche

aceite vegetal, para freír

harina, para rebozar

sal marina

gajos de limón, para adornar

salsa romesco (véase página 141), para acompañar (opcional)

salsa romesco (véase página 141),

SUGERENCIA

El tiempo de remojo del bacalao es orientativo: depende del plato que se vaya a hacer, de la pieza y del gusto personal.

1 Deje el bacalao en remojo en agua fría 48 horas. Cambie el agua 3 veces al día, o según le aconsejen en la bacaladería.

2 Lleve la leche a ebullición en un cazo, retírela del fuego y déjela enfriar del todo.

3 Escurra el pescado, séquelo con papel de cocina y córtelo en tiras, retirando la piel y las espinas. Ponga las tiras de pescado en un bol y vierta la leche por encima. Tápelo y déjelo en remojo en un lugar fresco o en el frigorífico durante 1 hora.

4 Escurra el pescado y séquelo con papel de cocina. Caliente el aceite en una freidora o una sartén grande a 180-190 °C o hasta que un trocito de pan se dore en 30 segundos. Mientras tanto, reboce bien el pescado con harina, aunque no en exceso.

5 Fría las tiras de bacalao, en tandas si es necesario, de 2 a 4 minutos o hasta que estén doradas. Escúrralas en papel de cocina y sazónelas bien con sal marina. Cuando haya acabado de freír todo el bacalao, páselo a platos individuales, adórnelo con gajos de limón y sírvalo con salsa romesco aparte si lo desea.

bacalao con aguacate

para 6 personas

350 g de bacalao salado

2 cucharadas de aceite de oliva

1 cebolla picada

1 diente de ajo picado

3 aguacates

1 cucharada de zumo de limón

1 pizca de guindilla molida

1 cucharada de jerez seco

4 cucharadas de nata enriquecida

sal y pimienta

1 Deje el bacalao en remojo en agua fría 48 horas. Cambie el agua 3 veces al día, o según le aconsejen en la bacaladería. Escurra el pescado, séquelo con papel de cocina y córtelo en trocitos pequeños.

2 Precaliente el horno a 180 °C. Caliente el aceite en una sartén de base gruesa y rehogue la cebolla y el ajo a fuego lento, removiendo de vez en cuando, durante 5 minutos o hasta que se ablanden. Incorpore el pescado y fríalo a fuego medio, removiéndolo a menudo, de 6 a 8 minutos o hasta que se desmenuce fácilmente. Retire la sartén del fuego y déjelo enfriar un poco.

3 Mientras tanto, corte los aguacates por la mitad a lo largo y retíreles el hueso. Con una cucharilla, sáqueles la carne sin estropear la piel. Reserve los cascarones y chafe la pulpa en un bol con el zumo de limón.

4 Quite cualquier trocito de piel o espina que aún pueda tener el pescado y mezcle el sofrito con el aguacate. Añada la guindilla molida, el jerez y la nata y mezcle bien con un tenedor. Salpiméntelo al gusto.

5 Rellene los cascarones de aguacate con la pasta y colóquelos en una bandeja para el horno. Áselos de 10 a 15 minutos y sírvalos en platos precalentados.

croquetas de bacalao y alcaparras

para 12 unidades

350 g de filetes de pescado blanco,
  como bacalao, merluza o rape

300 ml de leche

4 cucharadas de aceite de oliva o
  60 g mantequilla

55 g de harina

4 cucharadas de alcaparras picadas

1 cucharadita de pimentón dulce

1 diente de ajo majado

1 cucharadita de zumo de limón

3 cucharadas de perejil picado, y
  unas ramitas más para adornar

1 huevo batido

55 g de pan rallado

1 cucharada de semillas de sésamo

aceite de girasol, para freír

sal y pimienta

gajos de limón, para adornar

mayonesa, para mojar

SUGERENCIA

El secreto para que las croquetas salgan perfectas es poner la pasta en el frigorífico antes de freírlas. Así no se deshacen al echarlas en el aceite.

1 Ponga el pescado en una sartén grande de base gruesa. Vierta la leche y salpimiente al gusto. Caliéntelo y, cuando hierva, baje el fuego, tápelo y cuézalo despacio de 8 a 10 minutos o hasta que el pescado se desmenuce fácilmente. Sáquelo con una espátula. Reserve la leche. Desmenuce el pescado, quitando la piel y las espinas.

2 Caliente el aceite de oliva en un cazo. Eche la harina y dórela a fuego suave 1 minuto. Retire el cazo del fuego e incorpore la leche poco a poco, removiendo para que no se formen grumos. Vuelva a poner el cazo a fuego lento y, sin dejar de remover, deje que la bechamel se espese.

3 Retire el cazo del fuego, incorpore el pescado y mezcle bien. Añada las alcaparras, el pimentón, el ajo, el zumo de limón y el perejil. Mézclelo y salpimiente. Extienda la pasta en un plato y déjela enfriar. Tápela y déjela en el frigorífico 2 o 3 horas, o una noche.

4 Cuando la pasta se haya enfriado, vierta el huevo batido en un plato y mezcle en otro el pan rallado y las semillas de sésamo. Divida la pasta en 12 porciones del mismo tamaño y, con las manos enharinadas, deles forma de croqueta. Páselas una a una por el huevo batido y rebócelas con la mezcla de pan rallado. Póngalas en un plato y enfríelas en el frigorífico durante 1 hora.

5 Caliente el aceite de girasol en una freidora a 180-190°C o hasta que un trocito de pan se dore en 30 segundos. Fría las croquetas, en tandas, durante 3 minutos, hasta que estén doradas y crujientes. Sáquelas de la freidora con una rasera y déjelas escurrir sobre papel de cocina. Sírvalas calientes, adornadas con gajos de limón y ramitas de perejil. Sirva un poco de mayonesa para mojar en una salsera aparte.

salmón fresco al mojo picón

para 8 personas

4 filetes de salmón fresco, que
  pesen unos 750 g en total
3 cucharadas de aceite de oliva
sal y pimienta
1 ramita de perejil, para adornar
MOJO PICÓN
2 dientes de ajo, pelados
2 cucharaditas de pimentón dulce
1 cucharadita de comino molido
5 cucharadas de aceite de oliva
  virgen extra
2 cucharadas de vinagre blanco
sal

1 Para preparar el mojo, ponga
el ajo, el pimentón y el comino
en el recipiente de una batidora.
Con pulsaciones intermitentes, tritúrelo
durante 1 minuto aproximadamente
para todo que quede bien mezclado.
Con el aparato en marcha, añada
1 cucharada de aceite de oliva, gota
a gota. Pare el aparato, pase una
espátula por las paredes del recipiente,
vuelva a poner la batidora en marcha
y, muy despacio, siga vertiendo el resto
del aceite hasta obtener una salsa
ligeramente espesa. Añada el vinagre
y siga batiendo 1 minuto más. Sazone
la salsa con sal a su gusto.

2 Para preparar el salmón, quítele
la piel y corte cada filete por la
mitad a lo ancho y después a lo largo
en rodajas de unos 2 cm de grosor.
Retire todas las espinas y salpimiéntelo
al gusto.

3 Caliente el aceite de oliva en una
sartén de base gruesa. Cuando
esté caliente, fría los trozos de pescado
al gusto, dándoles la vuelta de vez en
cuando. Tienen que quedar bien
dorados por ambos lados.

4 Pase el salmón a una fuente
precalentada, rocíelo con un
poco de mojo picón y sírvalo caliente,
adornado con perejil. Ponga el resto
del mojo picón en una salsera y llévelo
a la mesa como acompañamiento.

pinchos de rape, romero y beicon

para 12 unidades

350 g de cola de rape o 250 g de
filetes

12 ramitas de romero fresco

3 cucharadas de aceite de oliva

el zumo de $\frac{1}{2}$ limón pequeño

1 diente de ajo majado

6 lonchas gruesas de beicon

sal y pimienta

gajos de limón, para adornar

alioli (véase página 12)

VARIACIÓN

En lugar de ramitas de romero,
puede usar los tradicionales
pinchos de metal o de bambú.
En este último caso, déjelos
en remojo en agua fría durante
30 minutos para que no se
quemen durante la cocción.

1 Si utiliza cola de rape, corte a cada lado de la espina con un cuchillo afilado, para obtener 2 filetes. Córtelos por la mitad a lo largo y después corte cada filete en 12 bocaditos, para obtener un total de 24 trozos. Póngalos en un cuenco.

2 Para preparar los pinchos de romero, arranque las hojas de las ramitas, dejando unas cuantas en un extremo. Resérvelas. Para preparar el adobo, pique las hojas separadas muy finas y mézclelas en un cuenco con el aceite, el zumo de limón y el ajo. Salpimiente la mezcla al gusto. Añada los trozos de rape y remuévalos bien para que queden bien empapados. Tape el cuenco y déjelo en el frigorífico de 1 a 2 horas.

SUGERENCIA

Por su textura, el rape es ideal
para preparar pinchos. Pero
existen otros pescados de carne
firme, como el pez espada o el
atún, ambos buenas alternativas.

3 Corte las lonchas de beicon por la mitad a lo largo y después a lo ancho y enrolle cada trozo. Ensarte, alternándolos, 2 trozos de rape y dos rollitos de beicon en cada unos de los pinchos de romero.

4 Precaliente el grill o la plancha, o prepare la barbacoa. Si va a asar los pinchos al grill, colóquelos de modo que las hojas de la punta de las ramitas romero sobresalgan del espacio que cubra el grill para que no se quemen durante la cocción. Ase los pinchos de rape y beicon, dándoles la vuelta de vez en cuando, durante 10 minutos o hasta que estén hechos. Mójelos con el jugo del adobo. Sírvalos calientes, con gajos de limón para rociarlos con el zumo si se desea, y con una salsera con alioli para mojar.

rape marinado y rebozado

para 4-6 personas

600 g de cola de rape

500-750 ml de aceite de oliva

6 chalotes, en rodajas finas

2 zanahorias, en rodajas

1 bulbo de hinojo, en rodajas finas

2 hojas de laurel

2 dientes de ajo, en rodajas finas

$1/2$ cucharadita de copos de
    guindilla, o a su gusto

300 ml de vinagre de vino blanco

sal y pimienta

$1^1/2$ cucharadas de semillas de
    cilantro

perejil y gajos de limón, para adornar

REBOZADO

150 g de harina, y unas 4
    cucharadas más para espolvorear

$1/2$ cucharadita de sal

1 huevo (clara y yema separadas)

200 ml de cerveza

1 cucharada de aceite de oliva

1 Retire la membrana del rape, aclárelo y séquelo. Separe los dos filetes de la espina. Corte la carne a lo ancho en trozos de 1 cm.

2 Caliente 4 cucharadas de aceite en una sartén a fuego medio y fría tantos trozos de rape como quepan en una capa durante 2 minutos. Deles la vuelta y fríalos 4 minutos más o hasta que se desmenucen fácilmente. Escúrralos sobre papel de cocina y resérvelos en un bol no metálico.

3 Caliente 250 ml de aceite en la sartén y fría los chalotes 3 minutos o hasta que estén tiernos, sin llegar a dorarse. Agregue la zanahoria, el hinojo, el laurel, el ajo, la guindilla y el vinagre. Salpimiente al gusto. Cuando vuelva a borbotear, reduzca el fuego y cuézalo durante 8 minutos. Incorpore las semillas de cilantro y cuézalo otros

2 minutos o hasta que la zanahoria esté tierna. Vierta el escabeche sobre el pescado y déjelo reposar hasta que se enfríe. Tápelo y déjelo en el frigorífico de 24 horas a un máximo de 5 días.

4 Prepare el rebozado 30 minutos antes de freír el rape. Mezcle la harina y la sal en un bol y haga un hueco en el centro. Añada la yema del huevo y unos 125 ml de cerveza, vertiéndola poco a poco mientras va batiendo, hasta que se espese. Vierta aceite y cerveza hasta obtener un rebozado espeso y sin grumos. Déjelo reposar 30 minutos. Saque el pescado del adobo y séquelo. Caliente aceite de oliva para freír en una sartén. Bata la clara del huevo a punto de nieve y mézclela con el rebozado.

5 Ponga 4 cucharadas de harina en un plato y sazónela. Espolvoree el pescado con harina, pero no en exceso. Páselo por el rebozado y fríalo, en tandas, durante 3 o 4 minutos o hasta que se dore. Escúrralo sobre papel de cocina, póngalo en una fuente y sírvalo adornado con perejil y gajos de limón.

pescado a la catalana

para 4 personas

4 alcachofas

2 lenguados fileteados

1/2 limón

250 ml de vino blanco seco

60 g de mantequilla

25 g de harina

250 ml de leche

nuez moscada recién rallada

1 hoja de laurel

115 g de champiñones en láminas

sal y pimienta

1 Corte el troncho de las alcachofas, arránqueles las hojas exteriores más duras y corte la punta de las otras con unas tijeras. Ponga las alcachofas en una olla, cúbralas con suficiente agua y eche sal. Llévelas a ebullición, reduzca el fuego y cuézalas durante 30 minutos o hasta que estén muy tiernas.

2 Mientras tanto, salpimiente los filetes de lenguado al gusto y écheles el zumo de limón por encima. Enrolle los filetes y sujételos con palillos. Póngalos en una sartén con el vino y cuézalos durante 15 minutos, regándolos con el vino de la sartén de vez en cuando.

3 Derrita la mitad de la mantequilla en un cazo, añada la harina y fríala, sin dejar de remover, durante 2 minutos o hasta que se dore. Retire el cazo del fuego y vierta la leche poco a poco. Vuelva a poner el cazo al fuego y llévelo a ebullición, removiendo constantemente, hasta que la bechamel se haya espesado y no tenga grumos. Reduzca el fuego al mínimo, sazone la salsa con sal, pimienta y nuez moscada al gusto e incorpore la hoja de laurel.

4 Derrita el resto de la mantequilla en una sartén y fría los champiñones a fuego medio, removiendo de vez en cuando, durante 3 minutos. Retire la sartén del fuego.

5 Saque las alcachofas de la olla con una rasera y escúrralas sobre papel de cocina. Deseche la pelusilla y las hojas más duras y colóquelas en cuencos individuales. Reparta los champiñones entre las alcachofas, poniéndolos dentro de la cavidad central. Vierta también la bechamel, tras haberle quitado la hoja de laurel. Con una rasera, pase los filetes de lenguado a una bandeja y quíteles los palillos. Ponga también los filetes dentro de las alcachofas y sírvalas.

sardinas a la plancha

para 4-6 personas

12 sardinas frescas

2 cucharadas de aceite de oliva
al ajo

sal marina, pimienta y limón

1 Si no le han preparado las sardinas en la pescadería, quíteles las escamas con el lomo de un cuchillo. De una en una, sujételas bien con una mano y con la otra quíteles la cabeza, estirando hacia abajo. Así deberían salir también las tripas. De todos modos, pase el dedo para extraer cualquier resto que haya podido quedar. Después, ábralas y retire la espina dorsal con los dedos. Aclárelas bien y séquelas con papel de cocina.

2 Precaliente la plancha y rocíela con un poco del aceite de oliva al ajo. Unte las sardinas con aceite y dispóngalas en la plancha en una sola capa. Salpiméntelas al gusto.

3 Áselas a la plancha durante 3 minutos o hasta que la piel esté crujiente. Con unas pinzas, deles la vuelta; úntelas con más aceite y salpiméntelas por el otro lado. Déjelas en la plancha 2 o 3 minutos más, o hasta que la carne se desmenuce con facilidad y la piel esté crujiente. Sírvalas de inmediato, con gajos de limón.

SUGERENCIA

Busque sardinas con la piel lustrosa y los ojos brillantes. Están más ricas si se preparan el mismo día que se han comprado y antes se enfrían en el frigorífico.

sardinas fritas

para 6-8 personas

125 ml de vinagre de vino tinto

3 dientes de ajo picados

1 guindilla roja fresca, sin semillas
y picada

2 cucharadas de perejil picado

1 kg de sardinas frescas, sin la
cabeza, las tripas y la espina
(véase página 138)

unos 115 g de harina

aceite vegetal, para freír

sal y pimienta

gajos de limón, para adornar

SUGERENCIA

La mejor temporada de
las sardinas es el verano.
Por otra parte, cada vez resulta
más fácil encontrar boquerones
frescos, que también quedan
deliciosos si se preparan
siguiendo esta receta.

1 Mezcle el vinagre, el ajo, la guindilla y el perejil en un plato. Ponga las sardinas y deles la vuelta para que queden bien untadas. Tápelas con film transparente y déjelas macerar en el frigorífico durante 1 hora.

2 Escurra las sardinas y séquelas con papel de cocina. Ponga la harina en una bolsa de plástico y salpimiéntela al gusto. Introduzca unas cuantas sardinas y agite la bolsa para que queden bien rebozadas. Repita la operación hasta rebozar todas las sardinas.

3 Caliente el aceite vegetal en una freidora, o en una sartén grande, a 180-190 °C o hasta que un trocito de pan se dore en 30 segundos. Fría las sardinas, en tandas, durante 4 o 5 minutos, o hasta que estén doradas. Retírelas del fuego y escúrralas sobre papel de cocina. Mientras fríe el resto de las sardinas, reserve calientes las que ya estén preparadas. Sírvalas adornadas con gajos de limón.

139

sardinas en escabeche al vinagre de jerez

para 6 personas

12 sardinas frescas pequeñas

175 ml de aceite de oliva

4 cucharadas de vinagre de jerez

2 zanahorias cortadas en juliana

1 cebolla cortada en rodajas finas

1 diente de ajo majado

1 hoja de laurel

4 cucharadas de perejil picado

sal y pimienta

ramitas de eneldo fresco, para
   adornar

gajos de limón

1 Si no se lo han hecho en la pescadería, limpie las sardinas raspando las escamas con el lomo de un cuchillo y teniendo cuidado de no estropear la piel. Puede dejar la cabeza y la cola o, si lo prefiere, cortarlas y desecharlas. Haga un corte a lo largo del vientre de cada sardina y saque las tripas bajo el chorro de agua fría. Seque el pescado con papel de cocina.

2 Caliente 4 cucharadas de aceite de oliva en una sartén de base gruesa y fría las sardinas durante 10 minutos o hasta que se doren por ambos lados. Con una espátula, retire las sardinas de la sartén y páselas a una fuente llana que no sea metálica. Dispóngalas en una sola capa.

3 Caliente lentamente el aceite de oliva restante y el vinagre de jerez en un cazo grande. Incorpore la zanahoria, la cebolla, el ajo y la hoja de laurel y cuézalo todo a fuego lento unos 5 minutos. Salpimiente la mezcla al gusto. Deje que el escabeche se enfríe un poco y entonces viértalo sobre las sardinas.

4 Tape la fuente y espere a que las sardinas estén frías antes de meterlas en el frigorífico. Déjelas macerar unas 8 horas o toda la noche, rociándolas de vez en cuando con el escabeche. Antes de servirlas, téngalas un buen rato a temperatura ambiente. Espolvoréelas con perejil y adorne la fuente con ramitas de eneldo justo antes de servirlas con gajos de limón.

sardinas con salsa romesco

para 6 personas

24 sardinas frescas limpias (véase

    página 138)

115 g de harina

4 huevos, ligeramente batidos

250 g de pan rallado

6 cucharadas de perejil picado

4 cucharadas de mejorana fresca

    picada

aceite vegetal, para freír

SALSA ROMESCO

1 pimiento rojo, cortado por la

    mitad y sin semillas

2 tomates cortados por la mitad

4 dientes de ajo

125 ml de aceite de oliva

1 rebanada de pan blanco, en dados

50 g de almendras escaldadas

1 guindilla roja fresca picada

2 chalotes troceados

1 cucharadita de pimentón dulce

2 cucharadas de vinagre de vino tinto

2 cucharaditas de azúcar

1 cucharada de agua

1 Prepare la salsa: precaliente el horno a 220 °C. Ponga el pimiento, los tomates y los ajos en una bandeja del horno, écheles una cucharadita del aceite por encima y deles la vuelta para untarlos bien. Áselos al horno de 20 a 25 minutos y déjelos enfriar. Cuando estén tibios, quíteles la piel y ponga la pulpa en el recipiente de una batidora.

2 Caliente 1 cucharada de aceite en una sartén y sofría el pan y las almendras y a fuego lento unos minutos, hasta que se doren. Escúrralo sobre papel de cocina. Fría en la sartén la guindilla, los chalotes y el pimentón, durante 5 minutos o hasta que los chalotes se ablanden.

3 Añada a la batidora el pan, las almendras, el sofrito de chalotes, el vinagre, el azúcar y el agua. Bátalo hasta obtener una pasta. Con el aparato en marcha, vierta el resto del aceite poco a poco. Ponga la salsa en un bol, tápela y resérvela.

4 Ponga las sardinas, con el lomo hacia arriba, en una tabla de picar y presione a lo largo de la espina con los dedos. Deles la vuelta y deseche las espinas. Ponga la harina y el huevo en sendos platos. Mezcle en otro el pan rallado y las hierbas. Reboce las sardinas con harina, huevo y pan rallado, en ese orden.

5 Caliente el aceite vegetal en una freidora, a 180-190 °C o hasta que un trocito de pan se dore en 30 segundos. Fría las sardinas 4 o 5 minutos, o hasta que se doren. Escúrralas y sírvalas con la salsa.

141

sardinas con limón y guindilla

para 4 personas

450 g de sardinas frescas, limpias

4 cucharadas de zumo de limón

1 diente de ajo picado

1 cucharada de eneldo fresco picado

1 cucharadita de guindilla roja
fresca picada

4 cucharadas de aceite de oliva

sal y pimienta

1 Ponga las sardinas, con el lomo hacia arriba, en una tabla de picar y presione a lo largo de la espina con los dedos. Deles la vuelta y deseche las espinas.

2 Ponga las sardinas, con la piel hacia abajo, en una fuente no metálica y rocíelas con el zumo de limón. Tápelas con film transparente y déjelas reposar al fresco 30 minutos.

3 Escurra el zumo. Esparza el ajo, el eneldo y la guindilla por encima de las sardinas y salpimiéntelas. Rocíelas con aceite de oliva, tápelas con film transparente y déjelas en el frigorífico 12 horas antes de servirlas.

SUGERENCIA

Si lo desea, también puede servir las sardinas cortadas en trocitos y ensartadas en palillos, con una picada (véase página 80).

sardinas en escabeche

para 6 personas

175 ml de aceite de oliva

1 kg de sardinas frescas, limpias

3 cucharadas de vinagre de vino
tinto

$^1\!/_2$ cucharada de agua

4 dientes de ajo pelados

1 hoja de laurel

2 ramitas de tomillo fresco

2 ramitas de romero fresco

4 cucharadas de perejil picado

2 guindillas rojas frescas, sin
semillas y troceadas

sal y pimienta

SUGERENCIA

La forma más sencilla de quitar
las escamas a las sardinas es
sujetarlas por la cola, ponerlas
bajo el chorro de agua fría y
pasarles la mano por el cuerpo,
de la cola a la cabeza.

1 Caliente 6 cucharadas del aceite
en una sartén de base gruesa y
fría las sardinas, en tandas si es
necesario, 4 o 5 minutos por cada
lado. Sáquelas con una espátula,
escúrralas bien y póngalas en una
fuente no metálica. Tápelas con film
transparente y resérvelas.

2 Añada el resto del aceite a la
sartén y caliéntelo poco a poco.
Incorpore el vinagre, el agua, el ajo,
la hoja de laurel, el tomillo, el romero,
el perejil y la guindilla y salpimente al
gusto. Llévelo a ebullición, baje el
fuego y cuézalo durante 15 minutos.

3 Retire la sartén del fuego y
déjela enfriar del todo. Vierta el
escabeche sobre las sardinas, tápelas
y déjelas macerar en el frigorífico un
mínimo de 24 horas antes de servir
el plato.

caballa en vinagre

para 4-6 personas

8 filetes de caballa fresca

300 ml aceite de oliva virgen extra

2 cebollas rojas grandes, en rodajas

2 zanahorias, en rodajas

2 hojas de laurel

2 dientes de ajo, en rodajas

2 guindillas rojas secas

1 bulbo de hinojo, cortado por la
mitad y después en rodajas

300 ml de vinagre de jerez

1¹/₂ cucharadas de semillas de
cilantro

sal y pimienta

1 Precaliente el grill a intensidad media. Ponga el pescado en una rejilla, con la piel hacia arriba, y úntelo con aceite. Áselo a unos 10 cm del grill, de 4 a 6 minutos o hasta que la piel se dore y esté crujiente y la carne se desmenuce fácilmente. Resérvelo.

2 Caliente el resto del aceite en una sartén y fría la cebolla durante 5 minutos o hasta que esté tierna, sin que llegue a dorarse. Añada el resto de los ingredientes y deje que se cuezan unos 10 minutos o hasta que la zanahoria esté tierna.

3 Rompa los filetes de caballa en trozos grandes, quitándoles la piel y las espinas. Póngalos en un tarro de cristal con la mezcla de cebolla, zanahoria e hinojo. En el tarro tendría que caber todo bastante apretado, dejando el mínimo espacio vacío en la parte de arriba una vez introducidos los ingredientes. Déjelo enfriar del todo, cierre el tarro herméticamente y déjelo en el frigorífico un mínimo de 24 horas y un máximo de 5 días. Sirva los trozos de caballa sobre tostadas de pan de barra con un poco de aceite.

4 Si lo prefiere, sirva los filetes de caballa con las hortalizas como ensalada.

VARIACIÓN

Esta conserva en vinagre también es deliciosa con bacalao, filetes de merluza, mejillones desconchados a la plancha, atún o filetes de pez espada.

pescadito al estilo de Aguinaga

para 4 personas

200 ml de taza de aceite de oliva

4 dientes de ajo troceados

1 guindilla roja fresca, sin semillas
y cortada en 4 trozos

550 g de pescadito, por ejemplo,
boquerones pequeños

SUGERENCIA

Esta receta es una variación de las deliciosas y carísimas angulas, tapa muy famosa del País Vasco. Las angulas son alevines de anguila que se pescan cuando, procedentes del mar de los Sargazos, suben por los ríos en invierno, y cada vez son más escasas, de ahí su precio. Los pescaditos tienen un sabor más fuerte pero también resultan muy adecuados para preparar esta tapa con ajo y guindilla.

1 Caliente el aceite de oliva en 4 cazuelitas de barro resistentes al fuego. Fría el ajo y la guindilla.

2 Añada el pescadito y fríalo, removiendo a menudo, unos 2 minutos.

3 Lleve las cazuelitas a la mesa mientras el aceite aún esté hirviendo, con tenedores de madera.

rollitos de atún

para 4 personas

3 pimientos rojos

125 ml de aceite de oliva

2 cucharadas de zumo de limón

5 cucharadas de vinagre de vino tinto

2 dientes de ajo picados

1 cucharadita de pimentón dulce

1 cucharadita de copos de guindilla

2 cucharaditas de azúcar

2 cucharadas de alcaparras saladas

200 g de atún en aceite, troceado

1 Precaliente el grill al máximo. Ponga los pimientos en la bandeja del horno y áselos, dándoles la vuelta varias veces, durante 10 minutos o hasta que la piel se haya ennegrecido y arrugado. Con unas pinzas, ponga los pimientos en una bolsa de plástico; átela y déjelos reposar.

2 Mientras tanto, bata en un bol el aceite con el zumo de limón, el vinagre, el ajo, el pimentón, la guindilla y el azúcar.

3 Cuando los pimientos se hayan enfriado un poco, quíteles la piel, córtelos en tres trozos, a lo largo, y retire las semillas. Ponga los trozos de pimiento en un plato y viértales el aliño por encima. Deles la vuelta para que queden bien impregnados.

4 Retire el exceso de sal de las alcaparras y mézclelas con el atún. Escurra los trozos de pimiento, pero reserve el aliño. Reparta la mezcla de atún entre los trozos de pimiento, enróllelos y ensártelos en palillos. Ponga los rollitos de atún en una fuente y rocíelos con el aliño. Sírvalos a temperatura ambiente.

ensalada de atún, huevo y patata

para 4 personas

350 g de patatas nuevas sin pelar

1 huevo duro, frío y sin la cáscara

3 cucharadas de aceite de oliva

1$\frac{1}{2}$ cucharadas de vinagre de vino blanco

115 g de atún en aceite, escurrido y troceado

2 chalotes picados

1 tomate, pelado y cortado en dados

2 cucharadas de perejil picado

sal y pimienta

VARIACIÓN

Esta ensalada es aún mejor si se prepara con atún fresco asado a la plancha durante 2 minutos por cada lado y cortado en dados.

---

1 Hierva las patatas en agua con sal durante 10 minutos. Retírelas del fuego, tápelas y déjelas reposar de 15 a 20 minutos o hasta que estén tiernas.

2 Mientras tanto, corte el huevo duro en rodajas y cada rodaja por la mitad. Bata el aceite de oliva y el vinagre en un bol y salpimiente la mezcla al gusto. Vierta un poco de vinagreta en una ensaladera para cubrir el fondo.

3 Escurra las patatas, pélelas y córtelas en finas rodajas. Coloque la mitad de las patatas en la base de la ensaladera y sazónelas al gusto con sal. Ponga por encima la mitad del atún, del huevo y de los chalotes. Vierta la mitad del aliño. Haga una segunda capa con la otra mitad de las patatas, el atún, el huevo y los chalotes. Vierta el resto del aliño por encima.

4 Finalmente, ponga el tomate y el perejil por encima de la ensalada. Tápela con film transparente y déjela reposar en un lugar fresco 1 o 2 horas antes de servirla.

atún con aceitunas rellenas de pimiento

para 6 personas

2 rodajas de atún de unos 2,5 cm
de grosor (peso total: unos 250 g)

5 cucharadas de aceite de oliva

3 cucharadas de vinagre de vino
tinto

4 ramitas de tomillo fresco, y un
poco más para adornar

1 hoja de laurel

2 cucharadas de harina

1 cebolla picada

2 dientes de ajo picados

85 g de aceitunas verdes rellenas de
pimiento, cortadas en rodajas

sal y pimienta

pan crujiente, para acompañar

1 No deje que esta receta le pille
desprevenido: hay que macerar
el atún, y por lo tanto tendrá que
empezar a preparar el plato la víspera
del día que vaya a servirlo. Retire la
piel del atún y córtelo por la mitad
en la dirección de la fibra. Corte cada
mitad en trozos de 1 cm de grosor, en
dirección contraria a la fibra.

2 Ponga 3 cucharadas del aceite
de oliva y las 3 de vinagre en
una fuente grande que no sea
metálica. Arranque las hojas del tomillo
y échelas en ese recipiente, así como
la hoja de laurel. Salpimiente la mezcla
al gusto. Añada los trozos de atún,
tápelos y déjelos macerar en el
frigorífico durante 8 horas o toda
la noche.

3 Al día siguiente, ponga la harina
en una bolsa de plástico. Saque
los trozos de atún del adobo y reserve
el líquido. Meta el pescado en la bolsa
y agítela para que quede bien
rebozado.

4 Caliente el resto del aceite en una
sartén de base gruesa. Sofría la
cebolla y el ajo, a fuego lento, de 5 a
10 minutos o hasta que estén tiernos
y dorados. Añada el atún y fríalo de 2
a 5 minutos, dándole la vuelta varias
veces, hasta que se vuelva opaco.
Agregue la marinada y las aceitunas y,
sin dejar de remover, prolongue la
cocción 1 o 2 minutos más, hasta que
el pescado esté en su punto y la salsa
se haya espesado.

5 Sirva el atún con aceitunas muy
caliente, adornado con ramitas
de tomillo. Acompáñelo con trozos o
rebanadas de pan crujiente para mojar
en la salsa.

pescadito frito picante

para 4 personas

115 g de harina

½ cucharadita de cayena molida

½ cucharadita de comino molido

1 cucharadita de pimentón dulce

1 pizca de sal

1,250 kg de pescadito

aceite vegetal, para freír

rodajas de limón, para adornar

1 En un bol o una fuente, mezcle la harina, la cayena, el comino, el pimentón y la sal.

2 Aclare el pescado y séquelo con papel de cocina. Rebócelo bien con la harina condimentada, en tandas.

3 Caliente el aceite vegetal en una freidora o una sartén grande, a 180-190 °C o hasta que un trocito de pan se dore en 30 segundos. Fría el pescadito, por tandas, 2 o 3 minutos o hasta que esté dorado.

VARIACIÓN

Esta receta también queda deliciosa con sardinas, pero hay que quitarles las escamas y limpiarlas antes de freírlas.

SUGERENCIA

Si usa pescadito congelado (a veces es difícil encontrarlo fresco), descongélelo bien antes de freírlo.

4 Escurra bien el pescado sobre papel de cocina y resérvelo caliente mientras fríe el resto. Sírvalo en platos precalentados, con rodajas de limón.

calamares

para 6 personas

450 g de calamares limpios

harina, para rebozar

aceite de girasol, para freír

sal

gajos de limón, para adornar

alioli (véase página 12), para mojar

SUGERENCIA

Si va a limpiar los calamares en casa, sujete el cuerpo con una mano y estire de los tentáculos con la otra. El contenido del cuerpo también saldrá. Corte los tentáculos justo por debajo de los ojos. Separe con cuidado la bolsa de tinta de la cabeza (puede guardarla para preparar otro plato). Extraiga la pluma y arranque la fina piel que recubre el calamar por fuera.

1 Corte los calamares en aros de 1 cm y, si son grandes, corte los tentáculos por la mitad. Aclárelos y séquelos bien con papel de cocina para que no salpiquen al freírlos. Espolvoree los calamares con harina, de modo que queden ligeramente rebozados. No eche sal en la harina porque si se añade sal al calamar antes de freírlo se endurece.

2 Caliente el aceite en una freidora o una sartén, a 180-190 °C o hasta que un trocito de pan se dore en 30 segundos. Para que la temperatura del aceite no baje, fría los calamares en tandas, dándoles la vuelta varias veces, durante 2 o 3 minutos o hasta que estén crujientes y bien dorados. No los fría demasiado porque quedarían duros y correosos en lugar de tiernos y jugosos.

3 Saque los calamares de la freidora con una rasera y póngalos sobre papel de cocina para que absorba el aceite. Para que no se enfríen, déjelos en el horno templado mientras va friendo el resto.

4 Sazone los calamares con sal y sírvalos calientes, adornados con gajos de limón, con cuyo zumo los comensales podrán rociarlos. Acompáñelos con un salsera de alioli, para mojar.

ensalada de calamares

para 6 personas

500 g de calamares limpios

7 cucharadas de aceite de oliva

2 cucharadas de zumo de limón

1 diente de ajo picado

2 cucharadas de perejil picado

1 cucharada de mejorana fresca
   picada

1 pizca de cayena molida

1 calabacín

1 manojo de ruqueta

350 g de tomates cereza

2 Bata el resto del aceite, el zumo de limón, el ajo, el perejil, la mejorana y la cayena en un bol. Vierta el aliño sobre los calamares. Remuévalo todo bien, tápelo con film transparente y déjelo enfriar. Déjelo en el frigorífico un máximo de 8 horas.

3 Con un pelapatatas, corte el calabacín en tiras largas. Disponga las tiras de calabacín, las hojas de ruqueta y los tomates en una ensaladera. Añada los aros de calamar con su aliño y sirva la ensalada.

1 Corte los calamares en aros de 1 cm. Caliente 2 cucharadas del aceite en una sartén grande de base gruesa y sofría los calamares a fuego fuerte, sin dejar de remover, durante 3 minutos o hasta que se vuelvan opacos y se noten tiernos al pincharlos con la punta de un cuchillo. Pase los aros de calamar a un bol no metálico con una rasera.

SUGERENCIA

Puede hacer esta ensalada con calamares frescos o congelados. El secreto está en freírlos muy poco para que no se endurezcan.

calamares rellenos en su tinta

para 6-8 personas

60 calamares pequeños
   o 30 medianos

150 ml de aceite de oliva

100 ml de vino blanco

4 cebollas troceadas

1 cabeza de ajos, con los dientes
   separados y pelados

2 pimientos verdes troceados

2 tomates cortados en rodajas finas

100 ml de vino tinto

100 ml de agua

sal y pimienta

cebollino fresco, para adornar

1 Ponga agua fría en un bol. Limpie los calamares: arránqueles la cabeza de modo que también salga el contenido del cuerpo. Separe y reserve la bolsa de tinta en el bol con agua. Separe los tentáculos de la cabeza y exprímalos para retirar las ventosas. Pique los tentáculos. Aclare los cuerpos y arránqueles la piel. Meta los tentáculos dentro de los cuerpos.

2 Caliente 4 cucharadas de aceite de oliva en una sartén grande de base gruesa. Fría los calamares, tapados y a fuego lento, en tandas si es necesario y removiéndolos de vez en cuando, durante 5 minutos o hasta que estén dorados. Escúrralos bien y resérvelos. Si hace falta, añada aceite a la sartén.

3 Ponga las bolsas de tinta en el recipiente de una batidora, vierta el vino blanco y bátalo hasta obtener una salsa fina. Resérvela.

4 Caliente 4 cucharadas de aceite de oliva en otra sartén y fría la cebolla a fuego lento, removiendo de vez en cuando, durante 5 minutos. Añada el ajo y el pimiento, tápelo y rehóguelo de 15 a 20 minutos o hasta que las hortalizas estén muy tiernas, aunque no doradas. Incorpore el tomate y vierta la salsa de tinta. Salpimiente al gusto.

5 Ponga los calamares en la sartén, remueva para que se impregnen de la salsa y después páselos a una cazuela de barro. Vierta el vino tinto en la sartén, añada el agua y hiérvalo a fuego lento. Rasque los restos de la salsa que queden en el fondo de la sartén con una cuchara de madera. Vierta la mezcla en el recipiente de la batidora y bátala hasta obtener una salsa. Pásela por el chino y viértala sobre los calamares.

6 Tape la cazuela y cueza los calamares a fuego lento durante 1 hora. Sírvalos inmediatamente, espolvoreados con cebollino. También puede guardarlos y recalentarlos despacio cuando vaya a servirlos.

ensalada de calamares y judías verdes

para 6 personas

500 g de calamares limpios

3 dientes de ajo picados

300 ml de vino tinto seco

500 g de patatas nuevas, sin pelar

225 g de judías verdes, cortadas en
trozos

4 cucharadas de aceite de oliva

1 cucharada de vinagre de vino
tinto

sal y pimienta

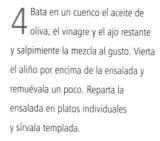

3 Hierva las judías en otra olla, de 3 a 5 minutos o hasta que estén tiernas. Escúrralas y mézclelas con las patatas. Escurra los calamares y póngalos en el mismo bol.

1 Precaliente el horno a 180 °C. Con un cuchillo afilado, corte los calamares en aros de 1 cm de grosor; póngalos en una fuente para el horno. Espolvoréelos con la mitad del ajo, vierta el vino por encima y salpiméntelos al gusto. Tape la fuente con papel de aluminio y cueza los calamares al horno de 45 a 50 minutos o hasta que se noten tiernos al pincharlos con la punta de un cuchillo.

4 Bata en un cuenco el aceite de oliva, el vinagre y el ajo restante y salpimiente la mezcla al gusto. Vierta el aliño por encima de la ensalada y remuévala un poco. Reparta la ensalada en platos individuales y sírvala templada.

VARIACIÓN

En el paso 3, añada a la ensalada 4 tomates secados al sol en aceite, escurridos y cortados en rodajas, y/o 2 cucharadas de piñones.

2 Mientras tanto, cueza las patatas en agua ligeramente salada hirviendo, de 15 a 20 minutos o hasta que estén tiernas. Escúrralas, déjelas enfriar un poco, córtelas en rodajas gruesas y póngalas en un bol.

cangrejo con almendras

para 4 personas

450 g de carne de cangrejo de lata
o congelada (ya descongelada)
115 g de mantequilla
85 g de almendras fileteadas
125 ml de nata enriquecida
1 cucharada de perejil picado
sal y pimienta

1 Examine la carne de cangrejo
y quite todo resto de caparazón.
Derrita la mitad de la mantequilla en
una sartén de base gruesa y sofría la
carne de cangrejo a fuego medio,
removiendo de vez en cuando, durante
10 minutos o hasta que esté dorada.
Reserve la sartén.

2 Derrita la otra mitad de la
mantequilla en otra sartén y
fría las almendras a fuego lento,
removiendo varias veces, durante
5 minutos o hasta que estén doradas.

3 Ponga las almendras con la carne
de cangrejo y salpimiente la
mezcla a su gusto. Vierta la nata y el
perejil y llévelo a ebullición. Cuando
hierva, reduzca el fuego y cuézalo
durante 3 minutos. Páselo a una fuente
precalentada y sírvalo inmediatamente.

SUGERENCIA

Puede servir el plato con pan
crujiente o tostadas. También
puede rellenar con la preparación
moldes individuales o conchas de
vieira limpias y gratinarlos.

tartaletas de cangrejo

para 24 unidades

1 cucharada de aceite de oliva

1 cebolla pequeña, picada

1 diente de ajo picado

un chorrito de vino blanco seco

2 huevos

150 ml de leche o nata líquida

175 g de carne de cangrejo en
   conserva, escurrida

55 g de queso manchego o
   parmesano, rallado

2 cucharadas de perejil picado

1 pizca de nuez moscada recién
   rallada

sal y pimienta

ramitas de eneldo fresco, para
   adornar

PASTA QUEBRADA

350 g de harina, y un poco más
   para espolvorear

1 pizca de sal

175 g de mantequilla

2 cucharadas de agua fría

O

500 g de pasta quebrada preparada

1 Precaliente el horno a 190 °C.
Para preparar el relleno, caliente el aceite en una sartén y sofría la cebolla durante 5 minutos o hasta que esté blanda, pero sin llegar a dorarse. Añada el ajo y fríalo con la cebolla 30 segundos más. Agregue un chorrito de vino y cuézalo todo 1 o 2 minutos o hasta que el vino prácticamente se haya evaporado.

2 Bata los huevos ligeramente en un bol e incorpóreles la leche o la nata. Añada la carne de cangrejo, el queso, el perejil y el sofrito de cebolla. Sazone con nuez moscada, sal y pimienta al gusto y mezcle bien.

3 Si prepara usted la pasta, ponga la harina y la sal en un cuenco. Añada la mantequilla troceada y mezcle los ingredientes trabajando con la punta de los dedos hasta obtener una textura parecida a la del pan rallado. Añada gradualmente el agua

necesaria para obtener una pasta firme. Si lo prefiere, puede prepararla con un robot de cocina.

4 Extienda la pasta con el rodillo sobre una superficie enharinada. Con un cortapastas liso, de unos 7 cm de diámetro, corte 18 círculos. Amase los recortes, estírelos con el rodillo y corte 6 círculos más. Forre con ellos 24 moldes de tartaleta de 4 cm de diámetro. Reparta el relleno de cangrejo entre las tartaletas, procurando no llenarlas en exceso.

5 Hornéelas de 25 a 30 minutos, hasta que la pasta esté dorada y el relleno haya cuajado. Sirva las tartaletas calientes o frías, decoradas con ramitas de eneldo fresco.

pimientos rellenos de cangrejo

para 16 unidades

16 pimientos del piquillo escurridos
o pimientos asados (véase
Sugerencia)

perejil picado, para adornar

240 g de carne de cangrejo de lata,
escurrida y seca

1 pimiento rojo, asado, pelado
(véase página 74) y troceado

unas 2 cucharadas de zumo de
limón recién exprimido

200 g de queso cremoso

sal y pimienta

1 En primer lugar, prepare el
relleno. Examine la carne de
cangrejo y quite cualquier resto de
caparazón. Ponga la mitad de la carne
de cangrejo en el recipiente de una
batidora con el pimiento rojo troceado
y 1$\frac{1}{2}$ cucharadas de zumo de limón.
Salpimiente al gusto. Bátalo hasta
obtener una pasta y póngala en un
bol. Desmenuce el queso cremoso y
póngalo en el bol con el resto de la
carne de cangrejo. Pruébelo y añada
zumo de limón si lo cree conveniente.

2 Seque los pimientos del piquillo
y retire las semillas que puedan
quedar en las puntas. Con una
cucharilla, reparta generosamente
relleno de cangrejo entre los pimientos.
Dispóngalos en una bandeja o en
platos individuales, tápelos y déjelos
en el frigorífico hasta que vaya a
servirlos. Antes de hacerlo,
espolvoréelos con el perejil picado.

SUGERENCIA

Si no dispone de pimientos del
piquillo en conserva y por lo
tanto tiene que asarlos, use
16 pimientos largos y dulces.
Y si sólo puede encontrar una
variedad común, corte de 4 a
6 pimientos en trozos largos
y úntelos con el relleno.

gambas rebozadas con salsa de cilantro

para 4 personas

12 gambas frescas del Mediterráneo

1 huevo

125 ml de agua

115 g de harina

1 cucharadita de cayena molida

aceite vegetal, para freír

gajos de naranja, para adornar

SALSA DE CILANTRO

1 manojo de cilantro, troceado

3 dientes de ajo picados

2 cucharadas de concentrado de tomate

2 cucharadas de zumo de limón

1 cucharada de ralladura de limón

1½ cucharadas de azúcar

1 cucharadita de comino molido

5 cucharadas de aceite de oliva

1 Prepare la salsa: ponga el cilantro, el ajo, el concentrado de tomate, el zumo y la ralladura de limón, el azúcar y el comino en el recipiente de una batidora y bátalo hasta obtener una salsa. Con la batidora en marcha, vierta el aceite poco a poco. Ponga la salsa en una salsera, tápela con film transparente y resérvela en el frigorífico.

2 Arranque la cabeza a las gambas y pélelas, dejando la cola. Haga un pequeño corte a lo largo del lomo de cada gamba para extraer el hilo intestinal. Aclare las gambas con agua fría y séquelas con papel de cocina.

3 En un bol, bata el huevo con el agua. Añada poco a poco la harina y la cayena, removiendo para que no se hagan grumos.

4 Caliente el aceite vegetal en una freidora a 180-190 °C o hasta que un trocito de pan se dore en 30 segundos. Sujetando las gambas por la cola, páselas por el rebozado, una a una, y fríalas 2 o 3 minutos o hasta que estén crujientes. Sáquelas de la freidora con una rasera y escúrralas sobre papel de cocina. Sírvalas inmediatamente, adornadas con los gajos de naranja. Sirva la salsa de cilantro aparte, para mojar las gambas.

> ### VARIACIÓN
>
> Estas gambas rebozadas también están deliciosas con salsa picante (véase página 11).

langostinos al ajillo con limón y perejil

para 6 personas

60 langostinos, descongelados
   si los usa congelados

150 ml de aceite de oliva

6 dientes de ajo en rodajas finas

3 guindillas rojas secas (opcional)

6 cucharadas de zumo de limón
   recién exprimido

6 cucharadas de perejil picado

pan de barra, para mojar

1 Pele los langostinos y quíteles el hilo intestinal y la cabeza. Aclárelos y séquelos bien.

2 Caliente el aceite en una sartén y fría el ajo y las guindillas, removiendo, hasta que el aceite chisporrotee. Incorpore los langostinos y fríalos hasta que se pongan rosados y se empiecen a encoger.

3 Con una rasera, pase los langostinos a cuencos de barro. Vierta el zumo de limón por encima y espolvoréelos con perejil. Sírvalos acompañados de pan para mojar.

SUGERENCIA

Para limpiar los langostinos, haga una pequeña incisión a lo largo del lomo con un cuchillo afilado, de la cabeza a la cola, y saque el hilo intestinal.

langostinos al ajillo

para 4 personas

125 ml de aceite de oliva

4 dientes de ajo picados

2 guindillas rojas frescas, sin
   semillas y troceadas

450 g de langostinos hervidos

2 cucharadas de perejil picado

sal y pimienta

gajos de limón, para adornar

pan crujiente, para acompañar

SUGERENCIA

Si usa langostinos frescos,
prepárelos como se indica pero
aumente el tiempo de cocción a
5 o 6 minutos, o hasta que
adquieran un color rosado. Si los
usa congelados, asegúrese de
que se hayan descongelado por
completo antes de freírlos.

1 Caliente el aceite en un wok
precalentado o una sartén de
base gruesa, a fuego lento. Fría el ajo
y la guindilla, removiendo de vez en
cuando, 1 o 2 minutos o hasta que
se ablanden, pero sin llegar a dorarse.

2 Añada los langostinos y fríalos
2 o 3 minutos, o hasta que se
hayan calentado e impregnado bien
del aceite con ajo.

3 Apague el fuego e incorpore el
perejil picado. Remuévalo todo
bien para que quede bien mezclado.
Salpimiente los langostinos al gusto.

4 Distribuya los langostinos
con su ajillo entre varios platos
individuales y decórelos con los gajos
de limón. Sirva el plato con abundante
pan crujiente para mojar.

langostinos al aroma de lima

4 limas

12 langostinos frescos, muy
    grandes, sin pelar

3 cucharadas de aceite de oliva

2 dientes de ajo picados

1 chorrito de jerez seco

4 cucharadas de perejil picado

sal y pimienta

1 Ralle la piel y exprima el zumo de 2 limas. Corte en gajos las otras 2 y resérvelos.

2 Para preparar los langostinos, quíteles las patas, pero deje la piel y la cola intactas. Aclárelos con agua fría y séquelos bien con papel de cocina.

3 Caliente el aceite en una sartén de base gruesa y fría el ajo 30 segundos. Añada los langostinos y, removiendo de vez en cuando, fríalos 5 minutos o hasta que se pongan rosados y se empiecen a encoger. Añada la ralladura y el zumo de lima y un chorrito de jerez. Mezcle bien.

4 Pase los langostinos a una fuente. Salpiméntelos al gusto y espolvoréelos con el perejil picado.

5 Sírvalos muy calientes, acompañados de los gajos de lima para poder exprimirlos, si se desea, sobre los langostinos.

langostinos envueltos en jamón

para 16 unidades

16 langostinos grandes frescos

16 lonchas finas de jamón serrano

aceite de oliva virgen extra

ALIÑO DE TOMATE Y ALCAPARRAS

2 tomates, pelados y sin semillas
   (véase Sugerencia)

1 cebolla roja pequeña, picada

4 cucharadas de perejil picado

1 cucharada de alcaparras
   encurtidas, escurridas, lavadas
   y troceadas

la ralladura de 1 limón grande

4 cucharadas de aceite de oliva
   virgen extra

1 cucharada de vinagre de jerez

SUGERENCIA

Para pelar y sacar las semillas de
los tomates, quíteles el rabito y
haga una cruz en la piel con un
cuchillo. Póngalos en un bol
refractario, cúbralos con agua
hirviendo y déjelos reposar
30 segundos. Con una rasera,
páselos a otro bol, pélelos,
córtelos por la mitad y sáqueles
el corazón y las semillas.

1 Precaliente el horno a 160 °C.
Para preparar el aliño, trocee
los tomates y póngalos en un bol.
Añada la cebolla, el perejil, las
alcaparras y la ralladura del limón y
mézclelo todo. Mezcle el aceite y el
vinagre y viértalo en el bol. Reserve
el aliño hasta el momento de servir.

2 Arranque la cabeza a los
langostinos y pélelos, excepto la
cola. Haga un corte a lo largo del lomo
para extraer el hilo intestinal. Aclare los
langostinos con agua fría y séquelos
bien. Envuélvalos con el jamón serrano
y úntelos con un poco de aceite.
Colóquelos en una bandeja para el
horno, lo bastante grande como para
que quepan todos en una sola capa.
Áselos al horno durante 10 minutos.

3 Pase los langostinos a una fuente
y rocíelos con el aliño. Sírvalos
inmediatamente o déjelos enfriar a
temperatura ambiente.

gambas con aliño de azafrán

para 6-8 personas

1 buena pizca de hebras de azafrán

2 cucharadas de agua caliente

150 g de mayonesa

2 cucharadas de cebolla rallada

4 cucharadas de zumo de limón

1 cucharadita de mostaza de Dijon

1 kg de gambas del Mediterráneo
hervidas

1 lechuga romana, con las hojas
separadas

4 tomates, cortados en gajos

8 aceitunas negras

sal y pimienta

1 Ponga el azafrán en un bol y vierta el agua. En otro bol, que no sea metálico, mezcle la mayonesa, la cebolla, el zumo de limón y la mostaza, y bátalo para mezclarlo bien. Salpimiente al gusto e incorpore el agua con el azafrán. Tápelo con film transparente y resérvelo en el frigorífico hasta que lo necesite.

2 Arranque la cabeza a las gambas y pélelas. Haga un corte a lo largo del lomo para extraer el hilo intestinal, aclárelas con agua fría y séquelas bien.

3 Ponga las hojas de lechuga en una ensaladera o en platos individuales. Coloque las gambas, los gajos de tomate y las aceitunas por encima y sírvalo con el aliño de azafrán.

gambas picantes al jerez

para 4 personas

12 gambas frescas del Mediterráneo

2 cucharadas de aceite de oliva

2 cucharadas de jerez seco

1 pizca de cayena molida o un
    chorrito de tabasco

sal y pimienta

1 Arranque la cabeza a las gambas y pélelas, dejando la cola intacta. Haga un corte a lo largo del lomo para extraer el hilo intestinal. Aclare las gambas con agua fría y séquelas bien.

2 Caliente el aceite de oliva en una sartén de base gruesa y fría las gambas a fuego medio, removiéndolas de vez en cuando, unos 2 o 3 minutos o hasta que adquieran un color rosado. Añada el jerez y sazónelas al gusto con cayena, sal y pimienta.

3 Ponga las gambas y el jugo en una fuente. Pinche las gambas con palillos y sírvalas.

gambas al azafrán con alioli al limón

para 6-8 personas

1,250 kg de gambas frescas del
Mediterráneo

85 g de harina

125 ml de cerveza *light*

2 cucharadas de aceite de oliva

1 pizca de azafrán en polvo

2 claras de huevo

aceite vegetal, para freír

ALIOLI AL LIMÓN

4 dientes de ajo pelados

2 yemas de huevo

1 cucharada de zumo de limón

1 cucharada de ralladura de limón

300 ml de aceite de girasol

sal marina y pimienta

1 Para hacer el alioli, ponga el
ajo en una tabla de picar y
espolvoréelo con un poco de sal
marina. Aplástelo con la hoja de un
cuchillo grande. Píquelo y vuelva a
aplastarlo.

SUGERENCIA

Este alioli es ideal para cualquier
tipo de pescado o marisco frito.
Pruébelo con calamares, sardinas
o mejillones fritos.

2 Ponga el ajo en el recipiente de
una batidora. Añada las yemas
de huevo y el zumo y la ralladura de
limón. Bátalo un poco, lo justo para
que quede triturado. Con el motor en
marcha, añada el aceite de girasol de
manera gradual. Ponga el alioli en una
salsera, salpimiéntelo al gusto, tápelo
y déjelo en el frigorífico hasta que
vaya a servirlo.

3 Arranque la cabeza a las gambas
y pélelas, dejando la cola intacta.
Haga un corte a lo largo del lomo para
extraer el hilo intestinal. Aclare las
gambas con agua fría y séquelas bien
con papel de cocina.

4 Ponga la harina en un bol.
Mezcle la cerveza, el aceite y
el azafrán en una jarra y viértalo, poco
a poco, sobre la harina, batiendo.
Tápelo y déjelo reposar a temperatura
ambiente durante 30 minutos.

5 Bata las claras en un bol bien
limpio, hasta montarlas a punto
de nieve. Incorpórelas suavemente
al rebozado.

6 Caliente el aceite vegetal en una
freidora a 180-190 °C o hasta
que un trocito de pan se dore en
30 segundos. Sujetando las gambas
por la cola, páselas por el rebozado,
una a una, y fríalas durante 2 o
3 minutos o hasta que estén crujientes.
Sáquelas de la freidora con una rasera
y escúrralas sobre papel de cocina.
Sírvalas inmediatamente con el alioli
aparte, para mojarlas.

empanadas de gamba

para 8-10 personas

250 g de harina, y un poco más
    para espolvorear

250 g de mantequilla

150 ml de agua helada

1 cucharadita de zumo de limón

225 ml de leche

nuez moscada recién rallada

1 hoja de laurel

450 g de gambas peladas cocidas

1 huevo duro, frío, sin cáscara y
    troceado

1 cucharada de pimentón dulce

1 pizca de cayena molida

1 cucharada de perejil picado

aceite vegetal, para freír

sal y pimienta

1 Ponga 375 g de harina, ligeramente salada, en un bol. Añada 65 g de mantequilla y amáselo hasta obtener una consistencia de pan rallado. Vierta el agua y el zumo de limón y mézclelo todo hasta obtener una pasta. Amásela un poco más, haga una bola con ella y déjela en el frigorífico durante 15 minutos. Ponga 185 g de mantequilla entre dos hojas de papel vegetal y extiéndala en un rectángulo de unos 5 mm de grosor.

2 Estire la masa en una superficie enharinada, en un rectángulo de unos 5 mm de grosor. Ponga el rectángulo de mantequilla en el centro. Doble los lados de la masa, envuélvala en papel de aluminio y déjela reposar en el frigorífico durante 10 minutos.

3 Ponga la masa, con el doblez hacia usted, en una superficie enharinada. Estírela hasta un grosor de unos 5 mm y vuelva a doblarla en tres capas. Vuelva a envolverla y déjela en el frigorífico 15 minutos. Repita la operación dos veces más.

4 Mientras, derrita la mantequilla restante en una sartén y fría el resto de la harina, removiendo, 2 minutos o hasta que se dore. Retire la sartén del fuego y vierta la leche poco a poco. Vuelva a poner la sartén al fuego y lleve la salsa a ebullición, removiendo, hasta que se espese sin dejar grumos. Baje el fuego, sazónela

con sal, pimienta y nuez moscada al gusto y agregue la hoja de laurel. Retírela del fuego y déjela reposar.

5 Mezcle las gambas y el huevo en un bol e incorpórelo a la salsa. Quite hoja de laurel. Añada el pimentón, la cayena y el perejil.

6 Estire la masa en un rectángulo de unos 5 mm de grosor y córtela en cuadrados de 7,5 cm. Ponga una cucharada de relleno en cada uno. Unte los lados de cada cuadrado con agua y dóblelos en triángulos. Presione los bordes unidos para sellarlos.

7 Caliente el aceite vegetal en una freidora a 180-190 °C o hasta que un trocito de pan se dore en 30 segundos. Fría los triángulos, en tandas, 2 minutos o hasta que se doren y se hinchen. Sáquelos de la freidora con una rasera, séquelos sobre papel de cocina y sírvalos calientes.

langostinos a la guindilla

para 6 personas

500 g de langostinos frescos sin
  pelar

1 guindilla roja fresca, pequeña

6 cucharadas de aceite de oliva

2 dientes de ajo picados

1 pizca de pimentón dulce

sal

pan crujiente, para acompañar

1 Arranque la cabeza a los langostinos y pélelos, dejando la cola intacta. Haga un corte a lo largo del lomo para extraer el hilo intestinal. Aclárelos con agua fría y séquelos bien con papel de cocina.

2 Corte la guindilla por la mitad a lo largo, retire las semillas y trocéela.

3 Caliente el aceite en una sartén de base gruesa o en una cazuela y fría el ajo durante 30 segundos. Incorpore los langostinos, la guindilla, el pimentón y una pizca de sal y fríalo todo durante 2 o 3 minutos, sin dejar de remover, hasta que los langostinos adquieran un color rosado y empiecen a encogerse.

4 Sirva los langostinos en la cazuela, mientras el aceite aún esté hirviendo, con palillos para pincharlos y acompañados de trozos o rebanadas de pan crujiente para mojar en el aceite.

SUGERENCIA

Es importante ponerse guantes
para manipular guindillas o
lavarse bien las manos después
porque tienen sustancias que
irritan la piel sensible, sobre todo
la de alrededor de los ojos, la
nariz y la boca. No se frote nunca
los ojos después de haber tocado
o cortado guindillas.

vieiras a la sidra

para 4-5 personas

1 litro de sidra seca

4 cucharadas de zumo de limón

20 vieiras desconchadas

85 g de mantequilla

25 g de harina

225 ml de nata agria

115 g de champiñones

sal y pimienta

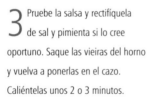

SUGERENCIA

Aunque tal vez tengan más fama los vinos, en España se producen grandes cantidades de sidra, producto que se usa tanto para beber como para cocinar.

1 Precaliente el horno a 110 °C. Vierta la sidra y el zumo de limón en un cazo y salpiméntelo al gusto. Añada las vieiras y cuézalas durante 10 minutos o hasta que estén tiernas. Con una rasera, pase las vieiras a una fuente para el horno. Úntelas con un par de cucharadas de mantequilla, cúbralas con papel de aluminio y resérvelas calientes en el horno.

2 Hierva el caldo de las vieiras hasta que se reduzca a la mitad. , Con un tenedor, mezcle 2 cucharadas de mantequilla con la harina hasta obtener una pasta. Bátala, poco a poco, con el caldo, hasta que la salsa se espese y no tenga ningún grumo. Vierta la nata agria y cueza la salsa a fuego lento de 5 a 10 minutos.

3 Pruebe la salsa y rectifíquela de sal y pimienta si lo cree oportuno. Saque las vieiras del horno y vuelva a ponerlas en el cazo. Caliéntelas unos 2 o 3 minutos.

4 Mientras tanto, derrita el resto de la mantequilla en una sartén pequeña y sofría los champiñones a fuego lento, removiéndolos a menudo, durante 2 o 3 minutos. Mézclelos con las vieiras en su salsa y sírvalas de inmediato, repartidas en platos individuales.

vieiras con jamón serrano

para 4 personas

2 cucharadas de zumo de limón

3 cucharadas de aceite de oliva

2 dientes de ajo picados

1 cucharada de perejil picado

12 vieiras desconchadas,

preferiblemente con el coral

16 lonchas finas de jamón serrano

pimienta

1 Mezcle en un plato el zumo de limón, el aceite de oliva, el ajo y el perejil. Separe los corales de las vieiras y ponga ambas partes en el plato. Deles la vuelta para que queden bien impregnadas del adobo. Cúbralas con film transparente y déjelas macerar a temperatura ambiente durante 20 minutos.

2 Precaliente el grill a media potencia. Escurra las vieiras, pero reserve la marinada. Enrolle una loncha de jamón y ensártela en un pincho metálico, con una vieira y un coral. Siga ensartando los ingredientes de ese modo hasta hacer 4 pinchos, acabando siempre con una loncha de jamón enrollada.

3 Ase los pinchos bajo el grill, regándolos con la marinada y dándoles la vuelta a menudo, durante 5 minutos o hasta que estén tiernos y el jamón, crujiente.

4 Ponga los pinchos en platos individuales precalentados y sazónelos con pimienta. Rocíelos con el jugo de la cocción y sírvalos.

SUGERENCIA

Aunque el zumo de limón envasado es un recurso útil, el recién exprimido tiene más sabor. Si el fruto está a temperatura ambiente, se obtiene más zumo. También ayuda hacer rodar el limón adelante y atrás sobre una superficie dura, presionando con la palma de la mano, antes de abrirlo y exprimirlo.

vieiras rehogadas

para 4-6 personas

4 cucharadas de aceite de oliva

3 cucharadas de zumo de naranja

2 cucharaditas de aceite de avellana

24 vieiras desconchadas

ensalada verde (opcional)

175 g de cabrales o cualquier otro
    queso azul, troceado

2 cucharadas de eneldo fresco picado

sal y pimienta

SUGERENCIA

Si usa vieiras frescas con la concha, la forma más sencilla de abrirlas es ponerlas enteras, con la parte convexa hacia abajo, en una cocina eléctrica o en el horno a baja temperatura, unos 150 °C, durante unos minutos. En cuanto las conchas se abran un poco, sáquelas; así le resultará mucho más fácil introducir un cuchillo para abrirlas y desconchar el molusco.

1 Bata 3 cucharadas de aceite de oliva, el zumo de naranja y el aceite de avellana en una jarra y salpimiente la mezcla al gusto.

2 Caliente el resto del aceite de oliva en una sartén de base gruesa y fría las vieiras a fuego fuerte durante 1 minuto por cada lado o hasta que se doren.

3 Ponga las vieiras sobre un lecho de ensalada dispuesto en una ensaladera o en platos individuales. Esparza el queso y el eneldo por encima y rocíelo todo con el aliño. Sirva el plato templado.

vieiras a la naranja

para 6 personas

harina, para rebozar

30 vieiras desconchadas,
    preferiblemente con el coral

4 cucharadas de aceite de oliva

100 ml de zumo de naranja recién
    exprimido

sal y pimienta

ramitas de perejil, para adornar

1 Ponga la harina en un plato llano
y, en tandas, reboce bien las
vieiras, aunque no en exceso.

2 Caliente el aceite de oliva en una
sartén de base gruesa y fría las
vieiras, dándoles la vuelta una vez,
durante 2 minutos o hasta que estén
tiernas. Salpiméntelas al gusto, vierta
el zumo de naranja y rehóguelas
2 minutos.

3 Sírvalas inmediatamente en
platos individuales, adornadas
con ramitas de perejil.

SUGERENCIA

Si usa vieiras congeladas,
descongélelas bien antes de
freírlas. Pero tenga en cuenta
que las frescas son mucho más
sabrosas. No fría en exceso las
vieiras, porque se endurecerían.

vieiras en salsa de azafrán

para 8 personas

150 ml de vino blanco seco

150 ml de caldo de pescado

1 pizca de hebras de azafrán

900 g de vieiras desconchadas,
    preferiblemente grandes

3 cucharadas de aceite de oliva

1 cebolla pequeña picada

2 dientes de ajo picados

150 ml de nata enriquecida

el zumo de un limón

sal y pimienta

perejil picado, y unas ramitas más
    para adornar

pan crujiente, para acompañar

1 Ponga el vino, el caldo y el azafrán en un cazo y llévelo a ebullición. Cuando hierva, baje el fuego y cuézalo a fuego lento durante 15 minutos.

2 Mientras tanto, extraiga de cada vieira el músculo blanco y correoso que se encuentra en el extremo opuesto al coral y deséchelo. Corte las vieiras verticalmente en rodajas gruesas, incluido el coral. Séquelas con papel de cocina y después salpimiéntelas al gusto.

3 Caliente el aceite en una sartén grande de base gruesa y sofría la cebolla y el ajo durante 5 minutos o hasta que estén tiernos y ligeramente dorados. Añada las rodajas de vieira y fríalas unos 5 minutos, hasta que se vuelvan opacas. Es importante no sobrecocerlas porque quedarían demasiado duras y correosas.

4 Saque las vieiras de la sartén con una rasera y póngalas en una fuente precalentada. Eche el caldo al azafrán en la sartén y déjelo hervir a fuego fuerte hasta que se reduzca a la mitad. Baje el fuego y agregue la nata poco a poco, sin dejar de remover. Cueza la salsa a fuego lento hasta que se espese.

5 Vuelva a poner las vieiras en la sartén y caliéntelas 1 o 2 minutos en la salsa. Al final, añada un chorrito de zumo de limón y salpimiente al gusto. Sirva las vieiras calientes, espolvoreadas con perejil y acompañadas de trozos o rebanadas de pan crujiente para mojar en la salsa.

vieiras asadas

para 4 personas

700 g de vieiras desconchadas
y troceadas

2 cebollas picadas

2 dientes de ajo picados

3 cucharadas de perejil picado

1 pizca de nuez moscada rallada

1 pizca de clavo molido

2 cucharadas de miga de pan blanco

2 cucharadas de aceite de oliva

sal y pimienta

SUGERENCIA

Este plato tiene una presencia
espectacular servido en las
conchas, que venden en muchas
pescaderías. Es una forma muy
adecuada de servir este plato,
que proviene de Santiago de
Compostela, ciudad de
peregrinaje desde muy antiguo.
El símbolo del apóstol Santiago
es una concha de vieira.

1 Precaliente el horno a 200 °C.
Mezcle las vieiras, la cebolla, el
ajo, 2 cucharadas de perejil, la nuez
moscada y el clavo en un bol y
salpimiente al gusto.

2 Reparta la mezcla entre 4 conchas
de vieira o 4 cuencos individuales
que puedan ir al horno. Esparza la
miga de pan y el resto del perejil por
encima y rocíelo todo con aceite de
oliva.

3 Ase las vieiras al horno de 15 a
20 minutos o hasta que estén
ligeramente doradas y muy calientes.
Sírvalas de inmediato.

mejillones a la marinera

para 4 personas

2 kg de mejillones vivos, limpios

5 cucharadas de aceite de oliva

2 cebollas troceadas

2 dientes de ajo picados

4 tomates grandes, pelados, sin
   semillas (véase página 167) y
   picados

1 hoja de laurel

1 cucharada de brandy

$^{1}/_{2}$ cucharadita de pimentón dulce

sal y pimienta

pan crujiente, para acompañar

SUGERENCIA

Cuando compre mejillones,
escoja los que vea más frescos,
con la concha entera. Los
mejillones que pesan demasiado
pueden estar llenos de arena, y
los que pesan demasiado poco
pueden estar muertos.

1 Deseche todos los mejillones que tengan la concha rota o estropeada y los que no se cierren enseguida al darles un golpe con el lomo de un cuchillo.

2 Caliente el aceite de oliva en una cazuela de base gruesa y sofría la cebolla y el ajo a fuego lento, removiendo de vez en cuando, durante 5 minutos o hasta que estén blandos. Añada el tomate y la hoja de laurel y rehogue, removiendo de vez en cuando, 5 minutos más.

3 Agregue el brandy y el pimentón y salpimiente al gusto. Aumente la intensidad del fuego y añada los mejillones. Tape el recipiente y cuézalos, agitando la cazuela varias veces, durante 5 minutos o hasta que las conchas se hayan abierto. Deseche la hoja de laurel y los mejillones que queden cerrados. Pase los mejillones a una fuente precalentada y eche la salsa por encima. Sírvalos inmediatamente con pan crujiente o, si lo prefiere, déjelos enfriar un poco.

mejillones dorados

para 4-6 personas

500 g de mejillones vivos

unos 175 ml de agua

4 cucharadas de aceite de oliva

1 diente de ajo picado

2 cucharadas de perejil picado

40 g de miga de pan blanco

1 tomate, pelado, sin semillas
   (véase página 167) y troceado

1 Limpie los mejillones frotando las conchas y arrancándoles las barbas. Deseche los que tengan la concha rota o estropeada y los que no se cierren enseguida al darles un golpe con el lomo de un cuchillo.

2 Ponga los mejillones en una olla y añada el agua. Llévelos a ebullición, tápelos y cuézalos a fuego fuerte, agitando la olla de vez en cuando, de 3 a 5 minutos o hasta que se hayan abierto. Deseche los que permanezcan cerrados.

3 Deseche las conchas que estén vacías. Saque los mejillones de sus conchas y resérvelas. Mezcle en un bol los mejillones con el aceite de oliva, el ajo y el perejil. Tápelos con film transparente y déjelos en el frigorífico 30 minutos.

SUGERENCIA

Para esta receta son ideales los mejillones más grandes, con la concha moteada de marrón. No obstante, si no los encuentra, también sirven las variedades pequeñas, de concha negra.

4 Precaliente el horno a 220 °C. Mezcle la miga de pan y el tomate en otro bol. Vuelva a poner los mejillones en sus conchas y colóquelos en una fuente para el horno, en una sola capa. Esparza la mezcla de pan y tomate por encima de los mejillones y áselos al horno durante 5 minutos o hasta que estén calientes y dorados. Sírvalos inmediatamente.

mejillones a la guindilla

para 6-8 personas

1 kg de mejillones vivos

1 limón, cortado en rodajas

2 dientes de ajo picados

200 ml de vino blanco

125 ml de aceite de oliva

3 cucharadas de zumo de limón

1 cucharada de mostaza de Dijon

2 cucharaditas de azúcar

1 guindilla roja fresca, sin semillas
   y troceada

2 cucharadas de perejil picado

1 cucharada de alcaparras
   encurtidas, escurridas y troceadas

sal de roca o hielo picado, para
   servir (opcional)

VARIACIÓN

Para darse un capricho, prepare esta tapa con ostras. En primer lugar, ábralas y sáquelas de la concha, recogiendo el agua que suelten. Póngalas en un cazo y viértales el líquido que hayan soltado, colado. Hiérvalo a fuego lento hasta que las ostras estén tiernas y a partir de ahí proceda con la receta.

1 Limpie los mejillones frotando las conchas y arrancándoles las barbas. Deseche los que tengan la concha rota o estropeada y los que no se cierren enseguida al darles un golpe con el lomo de un cuchillo.

2 Ponga las rodajas de limón y el ajo en una cazuela de base gruesa, vierta el vino y llévelo a ebullición. Incorpore los mejillones, tape el recipiente y cuézalos a fuego fuerte, agitando la cazuela de vez en cuando, de 3 a 5 minutos o hasta que se hayan abierto. Deseche los que permanezcan cerrados.

3 Deseche las conchas vacías. Saque los mejillones de sus conchas y resérvelas. Mezcle el aceite, el zumo de limón, la mostaza, el azúcar, la guindilla, el perejil y las alcaparras en un cuenco que no sea metálico. Añada los mejillones y remueva para mezclarlo todo bien. Tápelos con film transparente y déjelos macerar en el frigorífico durante un máximo de 24 horas.

4 Para servir el plato, vuelva a poner los mejillones en sus conchas y dispóngalos sobre una capa de sal de roca o de hielo picado, en una fuente. Vierta el jugo de la maceración por encima.

mejillones con mantequilla al ajo

800 g de mejillones vivos

1 chorrito de vino blanco seco

1 hoja de laurel

85 g de mantequilla

350 g de miga de pan, blanco
  o integral

4 cucharadas de perejil picado, y
  unas ramitas más para adornar

2 cucharadas de cebollino fresco
  picado

2 dientes de ajo picados

sal y pimienta

gajos de limón, para servir

1 Limpie los mejillones frotando las conchas y arrancándoles las barbas. Deseche los que tengan la concha rota o estropeada y los que no se cierren enseguida al darles un golpe con el lomo de un cuchillo. Póngalos en un colador y aclárelos con agua fría.

2 Ponga los mejillones en una olla y añada un chorrito de vino y la hoja de laurel. Tápelos y cuézalos a fuego fuerte, agitando la olla de vez en cuando, durante 5 minutos o hasta que se hayan abierto. Deseche los que sigan cerrados.

3 Separe las valvas, despegue los mejillones de la concha a la que estén adheridos y vuelva a colocarlos. Dispóngalos en la bandeja del horno.

4 Derrita la mantequilla y viértala en un bol. Añada la miga de pan, el perejil, el cebollino y el ajo. Salpimiente al gusto y mézclelo todo. Déjelo reposar hasta que la mantequilla se haya endurecido un poco. Con los dedos, o con dos cucharillas, coja un poco de la mezcla de mantequilla a las hierbas y vaya poniéndola sobre los mejillones, apretando para que quede bien adherida. Guarde los mejillones así preparados en el frigorífico.

5 Cuando vaya a servirlos, ase los mejillones en el horno precalentado a 230 °C durante 10 minutos o hasta que estén calientes. Sírvalos inmediatamente, adornados con gajos de limón para poder rociarlos con el zumo.

mejillones fritos con salsa picante

para 6-8 personas

4 cucharadas de aceite de oliva

2 cucharadas de vinagre blanco

1 cucharada de perejil picado

1-2 guindillas rojas frescas, sin
semillas y troceadas

1 guindilla verde fresca, sin semillas
y troceada

$1/2$ cucharadita de azúcar

1 kg de mejillones vivos

unos 175 ml de agua

55 g de polenta instantánea

aceite vegetal, para freír

1 Mezcle el aceite de oliva, el
vinagre, el perejil, las guindillas
y el azúcar en un cuenco. Tápelo con
film transparente y resérvelo en el
frigorífico.

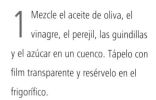

2 Limpie los mejillones frotando
las conchas y arrancándoles las
barbas. Deseche los que tengan la
concha rota o estropeada y los que
no se cierren enseguida al darles un
golpe con el lomo de un cuchillo.

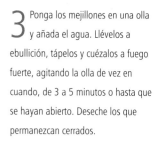

3 Ponga los mejillones en una olla
y añada el agua. Llévelos a
ebullición, tápelos y cuézalos a fuego
fuerte, agitando la olla de vez en
cuando, de 3 a 5 minutos o hasta que
se hayan abierto. Deseche los que
permanezcan cerrados.

4 Saque los mejillones de las
conchas y deséchelas. Ponga la
polenta en una fuente llana y reboce
los mejillones, uno a uno, aunque no
en exceso.

5 Caliente el aceite vegetal en una
freidora o una sartén grande, a
180-190 °C o hasta que un trocito de
pan se dore en 30 segundos. Fría los
mejillones, en tandas si es necesario,
durante unos minutos, hasta que estén
dorados. Escúrralos sobre papel de
cocina y sírvalos calientes con la salsa.

mejillones con salsa de pimiento amarillo

para 4-6 personas

¹/₂ pepino, pelado y cortado por
    la mitad a lo largo

2 cebollas, picadas

2 cucharadas de perejil picado

1 pimiento amarillo, sin semillas
    y picado

1 guindilla roja fresca, sin semillas
    y picada

150 ml de vino blanco seco

2 cucharadas de aceite de oliva

1 cucharada de zumo de limón

500 g de mejillones vivos

sal y pimienta

SUGERENCIA

Sirva estos mejillones como parte
de un picoteo de marisco con
gambas al azafrán con alioli al
limón (véase página 170), rollitos
de atún (véase página 146),
vieiras con jamón serrano (véase
página 176) y ostras frescas
con pimienta.

1 Retire las semillas del pepino con una cucharilla y píquelo. Mezcle el pepino, la mitad de la cebolla y del perejil, el pimiento y la guindilla en un cuenco no metálico y salpimiente al gusto. Bata 2 cucharadas de vino con el aceite de oliva y el zumo de limón y viértalo en el cuenco. Tápelo con film transparente y déjelo reposar a temperatura ambiente 30 minutos.

2 Limpie los mejillones frotando las conchas y arrancándoles las barbas. Deseche los que tengan la concha rota o estropeada y los que no se cierren enseguida al darles un golpe con el lomo de un cuchillo.

3 Vierta el resto del vino en una olla y añada el resto de la cebolla y del perejil. Llévelo a ebullición e incorpore los mejillones. Tape el recipiente y cuézalos a fuego fuerte, agitando la olla de vez en cuando, de 3 a 5 minutos, o hasta que se hayan abierto. Deseche los que permanezcan cerrados.

4 Deseche las conchas que estén vacías. Distribuya los mejillones en platos individuales, rocíelos con la salsa y sírvalos.

almejas a la plancha

para 4-6 personas

500 g de almejas medianas,
   berberechos u otro molusco
aceite de oliva
gajos de limón, para adornar

SUGERENCIA

Las navajas también se suelen
preparar de esta forma tan
deliciosa y simple.
Hay que escogerlas bien frescas
y llenas, ponerlas a la plancha
hasta que se abran, darles la
vuelta y proceder como se
explica en la receta.

1 Lave las almejas con agua fría.
Deseche las que tengan la concha
rota o estropeada y las que no se
cierren enseguida al darles un golpe
con el lomo de un cuchillo.

2 Caliente la plancha a fuego
fuerte, úntela con aceite de oliva
y ponga una capa de almejas. Cuando
se hayan abierto, deles la vuelta para
que la carne de la almeja entre en
contacto con la plancha y déjelas unos
2 minutos.

3 Vuelva a darles la vuelta y rocíelas
con más aceite. Póngalas en una
fuente y vierta el jugo de la cocción por
encima. Adórnelas con gajos de limón
y sírvalas inmediatamente.

almejas con habas

para 4-6 personas

4 filetes de anchoa en aceite,
    escurridos

1 cucharadita de alcaparras saladas

3 cucharadas de aceite de oliva

1 cucharada de vinagre de jerez

1 cucharadita de mostaza de Dijon

500 g de almejas frescas

unos 175 ml de agua

500 g de habas peladas

2 cucharadas de hierbas frescas
    picadas, por ejemplo, perejil,
    cebollino y menta

sal y pimienta

1 Ponga las anchoas en un bol,
cúbralas con agua y déjelas en
remojo 5 minutos. Escúrralas bien,
séquelas con papel de cocina y
póngalas en el mortero. Sacuda la
sal de las alcaparras, póngalas en el
mortero con las anchoas y májelo todo
hasta obtener una pasta.

2 Bata el aceite, el vinagre y la
mostaza en otro bol, añada la
pasta de anchoas y salpimiente al
gusto. Tápelo con film transparente y
déjelo reposar a temperatura ambiente
mientras no lo necesite.

3 Lave las almejas con agua fría.
Deseche las que tengan la concha
rota o estropeada y las que no se
cierren enseguida al darles un golpe
con el lomo de un cuchillo. Ponga las
almejas en una olla con el agua.
Tápelas, llevelas a ebullición a fuego
fuerte y cuézalas, agitando la olla de
vez en cuando, de 3 a 5 minutos o
hasta que se hayan abierto. Deseche
las que permanezcan cerradas.

4 Mientras tanto, ponga a hervir en
un cazo agua ligeramente salada.
Añada las habas, llévelas a ebullición
y escáldelas durante 5 minutos.
Escúrralas, aclárelas con agua fría y
vuelva a escurrirlas. Quíteles la piel
y colóquelas en un bol.

5 Escurra las almejas y
descónchelas. Mézclalas con
las habas y espolvoréelas con las
hierbas. Vierta la vinagreta de anchoa
y mézclelo todo suavemente.
Sirva el plato templado.

almejas con salsa de tomate y ajo

para 6-8 personas

2 huevos duros, fríos, sin cáscara y
    cortados por la mitad a lo largo

3 cucharadas de aceite de oliva

1 cebolla troceada

2 dientes de ajo picados

700 g de tomates, pelados y
    cortados en dados

40 g de miga de pan blanco

1 kg de almejas frescas, u otro
    molusco bivalvo

425 ml de vino blanco seco

2 cucharadas de perejil picado

sal y pimienta

gajos de limón, para adornar

1 Pase las yemas de huevo por un colador colocado sobre un bol presionando con una cucharilla. Pique las claras y resérvelas en otro recipiente.

2 Caliente el aceite de oliva en una sartén de base gruesa y sofría la cebolla a fuego lento, removiendo de vez en cuando, durante 5 minutos o hasta que se haya ablandado. Incorpore el ajo, sofríalo 3 minutos y luego añada el tomate, el pan y la yema de huevo y salpimiente al gusto. Rehóguelo, removiéndolo de vez en cuando, de 10 a 15 minutos, y aplástelo con una cuchara de madera hasta obtener una salsa espesa.

3 Mientras tanto, lave las almejas con agua fría. Deseche las que tengan la concha rota o estropeada y las que no se cierren enseguida al darles un golpe con el lomo de un cuchillo.

4 Ponga las almejas en una olla, con el vino. Tape el recipiente, llévelas a ebullición a fuego fuerte y cuézalas, agitando la olla de vez en cuando, de 3 a 5 minutos o hasta que se hayan abierto. Deseche las que permanezcan cerradas.

5 Con una rasera, reparta las almejas en cuencos calientes. Vierta el líquido de la cocción en la salsa de tomate, mezcle bien y vierta la salsa sobre las almejas. Espolvoréelas con la clara de huevo troceada y el perejil y sírvalas de inmediato, adornadas con gajos de limón.

ostras con vinagre de jerez

para 4 personas

1 chalote picado

3 cucharadas de vinagre de jerez

3 cucharadas de vinagre de vino tinto

1 cucharada de azúcar

24 ostras frescas

sal de roca o hielo picado, para
    servir (opcional)

pimienta

1 Mezcle el chalote, los vinagres y el azúcar en un bol que no sea metálico y sazónelo con pimienta. Tape el recipiente con film transparente y déjelo reposar a temperatura ambiente durante un mínimo de 15 minutos para que se mezclen los sabores.

2 Mientras tanto, abra las ostras. Para hacerlo, envuélvase la mano con un paño de cocina para no hacerse daño y sujete una ostra con firmeza. Introduzca entre las valvas un cuchillo para abrir ostras, o cualquier otro cuchillo afilado y resistente, para hacer presión y separarlas. Sujetando todavía las dos conchas con la mano protegida, pase la hoja del cuchillo por la concha superior para cortar el molusco. Separe la concha superior, procurando no echar a perder el líquido. Pase la hoja del cuchillo por la concha inferior, por debajo de la ostra, para separarla. Ponga las ostras en sus conchas, en una sola capa, sobre la sal de roca o el hielo picado, si lo desea.

3 Vierta el aliño por encima de las ostras y sírvalas a temperatura ambiente.

SUGERENCIA

En la pescadería, a veces preparan las ostras, pero es difícil que el líquido no se salga de las conchas. Se deben comer el mismo día en que se compran.

buñuelos de ostras

para 6 personas

60 g de harina

1 pizca de sal

1 pizca de azúcar

60 ml de agua

2 cucharaditas de aceite vegetal,
    y cantidad suficiente para freír

1 clara de huevo

36 ostras frescas, abiertas (véase
    página 194)

gajos de limón, para adornar

SUGERENCIA

Este rebozado es muy delicado y ligero. Hay que usarlo en cuanto esté preparado, por lo que no se puede preparar con antelación.

1 Ponga en un bol la harina, la sal y el azúcar. Incorpore el agua y el aceite y remueva hasta obtener una pasta suave.

2 Caliente el aceite para freír en una freidora o una sartén grande, a 180-190 °C o hasta que un trocito de pan se dore en 30 segundos.

3 Mientras tanto, bata la clara de huevo en un cuenco bien limpio, hasta montarla a punto de nieve. Mezcle la clara con el rebozado.

4 En tandas, pase las ostras por el rebozado y después fríalas 3 o 4 minutos o hasta que estén crujientes y doradas. Sáquelas de la freidora con una rasera, escúrralas sobre papel de cocina y resérvelas calientes mientras fríe el resto. Sírvalas de inmediato, adornadas con gajos de limón.

1

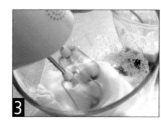
3

4

Carnes rojas y blancas

Las tapas de carne no son quizá tan habituales como las de pescado u hortalizas, exceptuados, claro está, los embutidos. Sin embargo, también son exquisitas y pueden completar a la perfección una comida a base de cosas para picar. Aquí se recogen pinchos adobados de distintos tipos, de herencia árabe, albóndigas y empanadillas, entre otras especialidades.

Muchos de estos platos también quedan deliciosos preparados con otros ingredientes: pruebe hacer la receta de la página 223 con trozos de pavo, cerdo o conejo en lugar de pollo, o sustituya los higaditos de pollo de la receta de la página 224 por riñones de cordero o de ternera.

Los dátiles rellenos fritos (página 214) son un ejemplo del nuevo estilo en la preparación de tapas, impulsado por las más actuales tendencias gastronómicas.

pinchitos de cerdo

para 12 unidades

450 g de carne magra de cerdo, deshuesada (véase Sugerencia)

3 cucharadas de aceite de oliva, y un poco más para aliñar (opcional)

la ralladura y el zumo de 1 limón

2 dientes de ajo majados

2 cucharadas de perejil picado, y un poco más para adornar

1 cucharada de la mezcla de especias conocida como *ras-el-hanout* (véase Sugerencia)

sal y pimienta

SUGERENCIA

Aunque se suelen preparar con carne de cerdo, estos pinchos son de origen árabe y deberían hacerse con cordero. Ambas variaciones son deliciosas. La mezcla de especias *ras-el-hanout*, a la venta en grandes supermercados y comercios especializados, lleva galanga, capullos de rosa, pimienta negra, jengibre, cardamomo, neguilla, cayena, pimienta de Jamaica, lavanda, canela, casia, cilantro, macis, nuez moscada y clavo.

1 Recuerde que estos pinchos se deben dejar en adobo toda la noche, por lo que tendrá que prepararlos con la consiguiente antelación. Corte la carne en daditos de unos 2 cm de lado y póngalos en una fuente grande y llana, que no sea de metal.

2 Para preparar el adobo, mezcle en un bol todos los ingredientes restantes. Vierta el adobo sobre la carne y remuévala para que quede bien impregnada. Tape la fuente y deje macerar la carne en el frigorífico 8 horas o toda la noche, removiéndola 2 o 3 veces.

3 Para asar la carne puede utilizar pinchos de madera o de metal. Para esta receta necesitará unos 12 pinchos de unos 15 cm de largo. Si los que tiene son de madera, remójelos previamente en agua fría durante 30 minutos. Así evitará que se quemen, y los trozos de carne se mantendrán adheridos durante la cocción. Los pinchos de metal sólo se deben engrasar, y son mejores los planos que los redondos porque sujetan mejor la carne.

4 Precaliente el grill, la plancha o la barbacoa. Ensarte 3 trozos de carne en cada pincho, dejando un poco de espacio entre ellos. Áselos de 10 a 15 minutos o hasta que la carne esté tierna y un poco requemada por fuera. Durante la cocción, deles la vuelta varias veces y úntelos con el adobo que haya quedado. Sirva los pinchos muy calientes, adornados con perejil.

pinchos de cordero con limón

2 dientes de ajo picados

1 cebolla picada

2 cucharaditas de ralladura de limón

2 cucharadas de zumo de limón

1 cucharadita de tomillo fresco

1 cucharadita de cilantro molido

1 cucharadita de comino molido

2 cucharadas de vinagre de vino tinto

125 ml de aceite de oliva

1 kg de carne de cordero, cortada
   en trozos de unos 2 cm

rodajas de naranja, para adornar

SUGERENCIA

Como todos los pinchos, estos
también se pueden asar a la
barbacoa. Ponga un par de
ramitas grandes de romero entre
las brasas para darles más sabor
y aroma.

1 Mezcle el ajo, la cebolla, la
ralladura y el zumo de limón,
el tomillo, el cilantro, el comino, el
vinagre y el aceite en una fuente llana
que no sea metálica y bátalo bien.

2 Ensarte los trozos de cordero en
16 pinchos de madera y póngalos
en la fuente, dándoles la vuelta para
que queden bien impregnados. Tape
el recipiente con film transparente
y deje macerar los pinchos en el
frigorífico de 2 a 8 horas, dándoles
la vuelta de vez en cuando.

3 Precaliente el grill a intensidad
media. Escurra los pinchos y
conserve el líquido de la maceración.
Áselos bajo el grill, dándoles la vuelta
varias veces y untándolos con el
adobo, durante 10 minutos o hasta
que estén tiernos y asados a su gusto.
Sírvalos inmediatamente, adornados
con rodajas de naranja.

albondiguillas con salsa de tomate

para 60 unidades

aceite de oliva

1 cebolla roja picada

500 g de carne de cordero picada

1 huevo grande, batido

2 cucharaditas de zumo de limón

½ cucharadita de comino molido

cayena molida al gusto

2 cucharadas de menta fresca picada

sal y pimienta

300 ml de salsa de tomate y
pimiento (véase página 7), para
acompañar

SUGERENCIA

Estas tapa es ideal para un cóctel
porque tanto las albóndigas
como la salsa se pueden preparar
con antelación y servir a
temperatura ambiente. Si decide
congelarlas, sáquelas del
congelador unas 3 horas antes
de comerlas, para que se pongan
a temperatura ambiente.

1 Caliente 1 cucharada de aceite
en una sartén, a fuego medio,
y sofría la cebolla durante 5 minutos,
removiendo de vez en cuando, hasta
que esté tierna, aunque sin dorarse.

2 Retire la sartén del fuego y deje
que se enfríe. Mezcle en un bol
la cebolla y la carne con el huevo, el
zumo de limón, el comino, la cayena y
la menta; salpimiente al gusto. Con las
manos, amase bien los ingredientes
hasta obtener una pasta. Fría una
porción de pasta para ver si hace falta
rectificarla de sal o pimienta.

3 Con las manos mojadas, haga
bolitas de unos 2 cm. Póngalas
en una fuente y déjelas en el frigorífico
durante un mínimo de 20 minutos.

4 Cuando haya transcurrido ese
tiempo, caliente un poquito de
aceite en 1 o 2 sartenes (la cantidad
de aceite dependerá de la grasa que
tenga el cordero). Fría las albóndigas
en una sola capa, sin llenar demasiado
la sartén y a fuego medio, durante
5 minutos, hasta que estén doradas
por fuera y rosadas por dentro. Hágalo
en tandas si es necesario, pero reserve
las que ya estén preparadas calientes
mientras fríe el resto.

5 Caliente la salsa de tomate y
pimiento suavemente y sírvala
con las albondiguillas para poder
mojarlas. Las albóndigas están más
ricas calientes, aunque también puede
servirlas a temperatura ambiente.

albondiguillas con salsa de almendras

para 6-8 personas

55 g de miga de pan, blanco
  o integral

3 cucharadas de agua

450 g de carne magra de cerdo,
  ternera o cordero, picada

1 cebolla grande picada

1 diente de ajo majado

2 cucharadas de perejil picado,
  y un poco más para adornar

1 huevo batido

nuez moscada recién rallada

harina, para rebozar

2 cucharadas de aceite de oliva

zumo de limón, al gusto

sal y pimienta

pan crujiente, para acompañar

SALSA DE ALMENDRAS

2 cucharadas de aceite de oliva

25 g de pan blanco o moreno

115 g de almendras escaldadas

2 dientes de ajo picados

150 ml de vino blanco seco

425 ml de caldo de verduras

sal y pimienta

1 Para preparar las albóndigas, ponga el pan en un bol, añada el agua y déjelo en remojo 5 minutos. Exprima el agua con las manos y ponga el pan en un cuenco seco. Incorpore la carne, la cebolla, el ajo, el perejil y el huevo; sazone con nuez moscada y salpimiente al gusto. Mézclelo todo bien hasta obtener una pasta homogénea.

2 Ponga harina en un plato. Con las manos enharinadas, haga unas 30 albóndigas del mismo tamaño y páselas por harina de modo que queden bien rebozadas.

3 Caliente el aceite de oliva en una sartén grande de base gruesa y fría las albóndigas, en tandas para que no se amontonen, durante 4 o 5 minutos o hasta que estén doradas por fuera. Sáquelas de la sartén con una rasera y resérvelas.

4 Para hacer la salsa, caliente el aceite en la misma sartén donde haya frito las albóndigas. Desmenuce el pan, échelo en la sartén con las almendras y fríalo todo a fuego lento, removiendo con frecuencia, hasta que los ingredientes estén bien dorados. Añada el ajo y fríalo 30 segundos más. Vierta el vino en la sartén y deje que hierva 1 o 2 minutos. Salpimiéntelo al gusto y déjelo enfriar un poco.

5 Vierta la salsa en el recipiente de una batidora. Agregue el caldo y bátalo todo hasta obtener una salsa fina. Devuelva la salsa a la sartén.

6 Ponga las albóndigas en la salsa con cuidado y cuézalas durante 25 minutos o hasta que estén tiernas. Pruebe la salsa y rectifíquela de sal y pimienta si es necesario.

7 Pase las albóndigas con su salsa a una fuente, rocíelas con zumo de limón al gusto y espolvoréelas con perejil. Sírvalas muy calientes, acompañadas de pan crujiente para mojarlo en la salsa de almendras.

bocaditos picantes

para 4-6 personas

2 cucharadas de aceite de oliva

1 cebolla troceada

1 cucharadita de pimentón dulce

1 diente de ajo picado

1 guindilla roja fresca, sin semillas
   y cortada en rodajas

400 g de tomate troceado de lata

2 cucharadas de vino blanco seco

1 cucharada de concentrado de
   tomate

1 cucharada de vinagre de jerez

2 cucharaditas de azúcar

2 filetes de ternera, de unos 175-
   225 g cada uno

2 cucharaditas de tabasco

1 cucharada de perejil picado

sal y pimienta

VARIACIÓN

También puede servir bocaditos de filete de cerdo preparado de la misma manera, aunque sin el tabasco. Deberá freírlos un poco más, hasta que al pinchar la carne con un cuchillo afilado el jugo salga transparente.

---

1 Caliente 1 cucharada de aceite en una cazuela de base gruesa y fría la cebolla a fuego lento, removiendo de vez en cuando, durante 5 minutos o hasta que se haya ablandado. Añada el pimentón, el ajo y la guindilla y fríalo 2 o 3 minutos más. Añada el tomate con el jugo de la lata, el vino, el concentrado de tomate, el vinagre y el azúcar. Cuézalo despacio de 15 a 20 minutos o hasta que la salsa se espese.

2 Mientras, caliente una sartén de base gruesa o una plancha a fuego fuerte y úntela con el resto del aceite. Sazone los filetes con pimienta, úntelos con tabasco y áselos 1 minuto o 1½ por cada lado, o hasta que se doren. Baje el fuego y áselos, dándoles la vuelta una vez, 3 minutos si le gustan poco hechos, 4 o 5 si le gustan medio hechos, o de 5 a 7 si los prefiere bien hechos. Resérvelos calientes.

3 Vierta la salsa en el recipiente de una batidora y bátala hasta que quede bastante fina. Póngala en una salsera, salpiméntela al gusto y espolvoréela con perejil.

4 Ponga la carne sobre una tabla de picar y córtela en dados. Ensártelos en palillos, colóquelos en platos y sírvalos de inmediato, con la salsa aparte.

fuente variada

para 8-10 personas

200 g de patatas mantecosas
    pequeñas, sin pelar

5 cucharadas de aceite de oliva

2 filetes de solomillo, de unos
    225 g cada uno

1 guindilla roja fresca, sin semillas
    y troceada (opcional)

350 g de queso del Montsec u otro
    queso de cabra, en rodajas

175 g de hojas de lechuga variadas

2 cucharadas de aceitunas negras

2 cucharadas de aceitunas verdes

55 g de anchoas en aceite,
    escurridas y en dos filetes

1 cucharada de alcaparras, aclaradas

sal y pimienta

SUGERENCIA

Escoja hojas de lechuga de
distintas variedades y colores
para que el plato resulte más
atractivo y sabroso: por ejemplo,
hoja de roble, achicoria, rizada y
ruqueta o berros. También puede
incorporar tomates cereza u otros
ingredientes para ensalada.

1 Hierva las patatas en agua
ligeramente salada, de 15 a
20 minutos o hasta que estén tiernas.
Escúrralas y déjelas enfriar un poco.

2 Caliente una sartén de base
gruesa o una plancha a fuego
fuerte y úntela con 1 cucharada del
aceite de oliva. Sazone los filetes con
pimienta y áselos 1 minuto o $1\frac{1}{2}$ por
cada lado, o hasta que estén dorados.
Baje el fuego y áselos $1\frac{1}{2}$ minutos más
por cada lado. Retírelos de la sartén y
déjelos reposar de 10 a 15 minutos.

3 Caliente 2 cucharadas de aceite
en una sartén y fría la guindilla y
las patatas, removiéndolas a menudo,
durante 10 minutos o hasta que estén
crujientes y doradas.

4 Corte los filetes en rodajas muy
finas y dispóngalas, alternándolas
con el queso, en el borde de una fuente
llana. Mezcle las hojas de lechuga, las
aceitunas, las anchoas y las alcaparras
y dispóngalas en el centro de la
ensaladera. Rocíelo todo con el aceite
restante y ponga las patatas por
encima. Sirva el plato templado o
a temperatura ambiente.

pinchos de ternera con naranja y ajo

para 6-8 personas

3 cucharadas de vino blanco

2 cucharadas de aceite de oliva

3 dientes de ajo picados

el zumo de 1 naranja

450 g de filete de ternera, en dados

450 g de cebollitas, partidas en dos

2 pimientos naranjas, sin semillas
  y cortados en cuadrados

225 g de tomates cereza

sal y pimienta

SUGERENCIA

Si los pinchos de que dispone
son de madera o de bambú,
déjelos en remojo en agua fría
durante 30 minutos para que no
se quemen durante la cocción.

1 Mezcle el vino, el aceite de oliva,
el ajo y el zumo de naranja en
una fuente llana que no sea de metal.
Añada la carne, salpiméntela al gusto
y remuévala para que quede bien
impregnada. Tape el recipiente con film
transparente y deje macerar la carne en
el frigorífico de 2 a 8 horas.

2 Precaliente el grill al máximo.
Escurra la carne y reserve el
líquido del adobo. Ensarte en varios
pinchos, alternándolos, dados de
carne, mitades de cebolla, pimiento
y mitades de tomate.

3 Ase los pinchos bajo el grill,
dándoles la vuelta y mojándolos
varias veces con el adobo, durante
10 minutos o hasta que estén hechos.
Sírvalos de inmediato en platos
individuales precalentados.

jamón serrano con ruqueta

para 6 personas

140 g de hojas de ruqueta

4¹/₂ cucharadas de aceite de oliva

1¹/₂ cucharadas de zumo de naranja

280 g de lonchas finas de jamón
serrano

sal y pimienta

1 Ponga la ruqueta en una fuente y viértale el aceite de oliva y el zumo de naranja por encima. Salpimiéntelo al gusto y mézclelo bien.

2 Reparta la ensalada y las lonchas de jamón serrano, dobladas de forma que queden graciosas, en platos individuales y sírvalos.

SUGERENCIA

El jamón de Jabugo es el mejor
para elaborar esta receta, porque
su suavidad característica
contrasta deliciosamente con el
ligero sabor a pimienta de
la ruqueta.

pastelitos de queso y jamón

para 6 personas

6 lonchas de jamón serrano

tabasco, para untar

200 g de queso majorero,
    manchego o cualquiera de cabra

6 hojas de pasta filo, de unos
    46 x 28 cm

3-4 cucharadas de aceite de oliva

SUGERENCIA

Si bien la pasta filo no es
un ingrediente tradicional de
la gastronomía española, las
nuevas tendencias la han
incorporado al acervo culinario
por su versatilidad.

1 Precaliente el horno a 200 °C.
Estire las lonchas de jamón
y úntelas con tabasco a su gusto.
Corte el queso en 6 rodajas gruesas y
envuélvalas con una loncha de jamón.

2 Coja una hoja de pasta filo (cubra
las otras con un paño húmedo),
úntela con aceite y dóblela por la
mitad. Vuelva a untar con aceite la
pasta, coloque una rodaja de queso
con jamón en el centro y envuélvala
por completo. Coloque los pastelitos
en la bandeja del horno, con la junta
hacia abajo, y úntelos por la parte de
arriba con un poco de aceite. Repita
la operación con el resto de las hojas
de pasta filo y del queso con jamón.

3 Cueza los pastelitos en el horno
durante 15 minutos o hasta que
estén dorados y crujientes. Sírvalos de
inmediato o bien templados.

buñuelos de jamón y almendras

para 4-6 personas

70 g de harina

150 ml de agua

60 g de mantequilla

2 huevos

55 g de almendras fileteadas

115 g de jamón, troceado

aceite vegetal, para freír

sal y pimienta

1 Tamice la harina con una pizca de sal y pimienta sobre una hoja de papel vegetal. Lleve el agua a ebullición en un cazo. Añada la mantequilla y retire el cazo del fuego tan pronto como se haya derretido. Añada la harina y remueva bien con una cuchara de madera hasta que la pasta se despegue del cazo.

2 Incorpore los huevos, de uno en uno, y bata hasta que la mezcla esté brillante. Añada las almendras y el jamón, mezcle bien y déjelo enfriar.

3 Caliente el aceite vegetal en una freidora o en una sartén, a 180-190 °C o hasta que un trocito de pan se dore en 30 segundos.

4 Fría cucharadas generosas de la pasta en la freidora, en tandas, durante 3 o 4 minutos o hasta que los buñuelos estén crujientes y dorados. Sáquelos de la freidora con una rasera y escúrralos sobre papel de cocina. Sírvalos calientes.

VARIACIÓN

También podría preparar estos buñuelos con chorizo en lugar de jamón. Pero compre chorizo para comer y no para freír, porque los buñuelos se hincharían antes de que el chorizo estuviera hecho.

pinchos de chorizo y champiñones

para 25 unidades

2 cucharadas de aceite de oliva

25 trozos de chorizo, de 1 cm de lado aproximadamente (unos 100 g)

25 champiñones, limpios y sin el pie

1 pimiento verde, asado, pelado (véase Sugerencia) y cortado en 25 trozos cuadrados

SUGERENCIA

Para preparar el pimiento, córtelo por la mitad a lo largo y quítele el corazón y las semillas. Áselo a unos 7,5 cm del grill, con la piel hacia arriba, hasta que se chamusque. Sáquelo del horno, póngalo en una bolsa de plástico y déjelo enfriarse 15 minutos. Después, pélelo. Si lo prefiere, chamúsquelo directamente en el quemador de la cocina. Los pimientos asados, pelados y cubiertos de aceite de oliva se conservan en el frigorífico hasta 5 días.

1 Caliente el aceite en una sartén a fuego medio y sofría el chorizo, removiéndolo, durante 20 segundos.

2 Añada los champiñones y rehogue 1 o 2 minutos más, hasta que empiecen a dorarse y a absorber la grasa de la sartén.

3 Ensarte un trozo de pimiento, otro de chorizo y un champiñón en cada palillo. Sirva los pinchos calientes o a temperatura ambiente.

dátiles rellenos fritos

para 6 personas

1 chorizo curado

12 dátiles frescos

6 lonchas de beicon sin la corteza

25 g de harina

1 huevo ligeramente batido

55 g de pan blanco rallado

aceite vegetal, para freír

VARIACIÓN

También puede rellenar
los dátiles con dados
de queso.

---

1 Corte tres rodajas de chorizo, pélalas y luego córtelas en cuatro trozos.

2 Corte los dátiles por un lado con un cuchillo afilado y saque el hueso. Meta un trozo de chorizo dentro de cada dátil. Extienda las lonchas de beicon con la hoja de un cuchillo, córtelas por la mitad a lo largo y envuelva los dátiles con ellas.

3 Ponga la harina, el huevo y el pan rallado en platos separados. Reboce los dátiles pasándolos primero por la harina, luego por el huevo y después por el pan rallado. Mientras tanto, caliente el aceite vegetal en una freidora o en una sartén, a 180-190 °C o hasta que un trocito de pan se dore en 30 segundos.

4 Fría los dátiles rellenos, en tandas si es necesario y dándoles la vuelta varias veces, durante 3 o 4 minutos o hasta que estén bien dorados. Sáquelos de la freidora con una rasera, escúrralos sobre papel de cocina y sírvalos calientes.

empanadillas de chorizo

para 12 unidades

125 g de chorizo pelado

250 g de pasta de hojaldre preparada, descongelada (si lo estaba)

harina, para espolvorear

huevo batido, para glasear

PARA ADORNAR

pimentón dulce

ramitas de albahaca fresca

1 Precaliente el horno a 200 °C. Corte el chorizo en dados de 1 cm de lado aproximadamente. Sobre una superficie enharinada, estire la pasta de hojaldre con el rodillo hasta que esté bien delgada. Con un cortapastas de 8 cm de diámetro, corte varios círculos. Junte los recortes, vuelva a estirar la pasta con el rodillo y corte más círculos, hasta obtener un total de 12.

2 Ponga una cucharadita de daditos de chorizo en cada círculo. Humedezca los bordes de la pasta con un poco de agua y dóblela por la mitad por encima del relleno. Una los extremos con los dedos y presiónelos con las púas de un tenedor para darles un acabado decorativo y dejarlos bien sellados. Con la punta de un cuchillo afilado, haga una incisión lateral en cada empanadilla. En este punto puede guardarlas en el frigorífico hasta el momento de hornearlas.

3 Ponga las empanadillas en la bandeja del horno humedecida y úntelas con un poco de huevo batido para glasearlas. Hornéelas de 10 a 15 minutos o hasta que hayan subido y estén doradas. Con un colador pequeño, decore las empanadillas espolvoreándolas con pimentón. Sírvalas calientes o tibias.

huevos de codorniz con chorizo

para 12 unidades

12 rebanadas delgadas de pan
de barra, cortadas en
diagonal

40 g de chorizo curado, cortado
en 12 rodajas finas

aceite de oliva

12 huevos de codorniz

pimentón semipicante

sal y pimienta

perejil, para adornar

SUGERENCIA

A pesar de su aspecto delicado,
los huevos de codorniz son
bastante duros y es difícil
cascarlos porque tienen una
membrana gruesa debajo de la
cáscara. Tenga un par de tijeras a
mano para cortarla si hace falta
mientras vaya cascando
los huevos.

1 Precaliente el grill al máximo.
Ponga el pan en la bandeja del
horno y tuéstelo por ambos lados.

2 Corte o doble las rodajas de
chorizo para que no sobresalgan
de las rebanadas de pan y colóquelas
encima. Resérvelo.

3 Caliente una fina capa de aceite
en una sartén grande, a fuego
medio, hasta que un trocito de pan

chisporrotee (unos 40 segundos).
Fría los huevos, echando aceite por
encima de las yemas, hasta que estén
a su gusto.

4 Retire los huevos fritos de la
sartén y escúrralos sobre papel
de cocina. Luego, póngalos sobre
las rebanadas de pan con chorizo
y espolvoréelos con pimentón.
Salpimiéntelos al gusto, adórnelos
con perejil y sírvalos de inmediato.

chorizo al vino tinto

para 6 personas

200 g de chorizo, en un trozo

200 ml de vino tinto

2 cucharadas de brandy (opcional)

ramitas de perejil, para adornar

pan crujiente, para acompañar

1 Antes que nada, le informamos que esta tapa sabe mucho mejor si se prepara la víspera del día en que se va a comer. Con un tenedor, pinche el chorizo por 3 o 4 sitios, póngalo en una cazuela y vierta el vino. Llévelo a ebullición, reduzca el fuego, tape el recipiente y cuézalo de 15 a 20 minutos. Pase el chorizo y el vino a un bol, tápelo y déjelo en adobo durante un mínimo de 8 horas, o mejor toda la noche.

2 Al día siguiente, saque el chorizo del bol y reserve el vino. Quite la piel al chorizo y córtelo en rodajas de unos 5 mm de grosor. Ponga las rodajas en una sartén grande de base gruesa o en una cazuela de barro.

3 Si desea usar brandy, viértalo en un cazo pequeño y caliéntelo un poco. Viértalo sobre el chorizo, échese hacia atrás y préndale fuego. Cuando las llamas se apaguen, sacuda la sartén, vierta el vino reservado y cuézalo a fuego fuerte hasta que el vino se haya evaporado casi del todo.

4 Sirva el chorizo al vino tinto muy caliente, en el mismo recipiente de cocción y con perejil para adornar. Acompáñelo con rebanadas de pan para mojar en el jugo de cocción y palillos para ir picando.

chorizo frito a las hierbas

para 6-8 personas

700 g de chorizo para freír

2 cucharadas de aceite de oliva

2 dientes de ajo picados

4 cucharadas de una mezcla
   de hierbas frescas

SUGERENCIA

El chorizo puede ser picante o
no, y ahumado o no. Esta receta
se puede elaborar también con
salchicha para freír.

1 Con un cuchillo afilado, corte el chorizo en rodajas de unos 5 mm de grosor. Caliente una sartén de base gruesa y fría el chorizo, sin añadir aceite o grasa, a fuego medio y removiendo a menudo, 5 minutos o hasta que esté crujiente y dorado.

2 Retire el chorizo con una espátula o una rasera y escúrralo sobre papel de cocina. Limpie la grasa de la sartén con papel de cocina.

3 Caliente el aceite de oliva en la sartén a fuego medio o lento. Incorpore el chorizo, el ajo y las hierbas y sofríalo todo, removiéndolo de vez en cuando, hasta que esté caliente. Sirva el plato inmediatamente.

garbanzos con chorizo

para 4-6 personas

250 g de chorizo, en una sola pieza
y sin la piel

4 cucharadas de aceite de oliva

1 cebolla troceada

1 diente grande de ajo, majado

400 g de garbanzos en conserva,
escurridos y aclarados

6 pimientos del piquillo (véase
página 160), escurridos, secados
y cortados en rodajas

1 cucharada de vinagre de jerez

sal y pimienta

perejil picado, para adornar

rebanadas de pan crujiente, para
acompañar

1 Corte el chorizo en dados de 1 cm.
Caliente el aceite en una sartén
de base gruesa, a fuego medio, y fría
la cebolla y el ajo, removiendo de vez
en cuando, hasta que la cebolla se
ablande pero sin llegar a dorarse.
Incorpore el chorizo y caliéntelo bien.

2 Ponga el sofrito en un bol
y añada los garbanzos y los
pimientos. Rocíe la preparación con
vinagre de jerez y salpimiéntela al
gusto. Sirva el plato caliente o a
temperatura ambiente, espolvoreado
con abundante perejil y acompañado
de pan crujiente.

pollo al limón y al ajo

para 6-8 personas

4 pechugas de pollo, deshuesadas
   y sin la piel

5 cucharadas de aceite de oliva

1 cebolla picada

6 dientes de ajo picados

la ralladura de 1 limón, la piel
   cortada fina de otro y el zumo
   de los dos

4 cucharadas de perejil picado,
   y un poco más para adornar

sal y pimienta

PARA ACOMPAÑAR

gajos de limón

pan crujiente

1 Con un cuchillo afilado, corte las pechugas de pollo, a lo ancho, en tiras finas. Caliente el aceite en una sartén de base gruesa y fría la cebolla durante 5 minutos o hasta que esté tierna, aunque sin llegar a dorarse. Añada el ajo y fríalo 30 segundos más.

2 Agregue el pollo y fríalo a fuego lento de 5 a 10 minutos, removiendo de vez en cuando, hasta que los otros ingredientes estén ligeramente dorados y el pollo, tierno.

3 Añada la ralladura y el zumo de limón y deje que hierva un poco. Mientras está hirviendo, raspe el fondo de la sartén con una cuchara de madera para que la sustancia que pueda haber quedado adherida se disuelva con la salsa. Retire la sartén del fuego, incorpore el perejil y salpimiente al gusto.

4 Pase el pollo al limón y al ajo a una fuente precalentada. Adórnelo con tiras finas de piel de limón y perejil picado y sirva el plato muy caliente, con gajos de limón por si los comensales los quieren exprimir sobre el pollo y rebanadas de pan crujiente para mojar en la salsa.

higaditos de pollo con salsa de jerez

para 6 personas

450 g de higaditos de pollo

2 cucharadas de aceite de oliva

1 cebolla pequeña, picada

2 dientes de ajo picados

100 ml de jerez seco

2 cucharadas de perejil picado, y
   unas ramitas más para adornar

sal y pimienta

pan crujiente o tostadas, para
   acompañar

1 Si es necesario, limpie los hígados cortándoles cualquier cartílago o venita que tengan, y después córtelos en trozos. Caliente el aceite en una sartén de base gruesa y sofría la cebolla durante 5 minutos o hasta que esté tierna, aunque sin llegar a dorarse. Incorpore el ajo y fríalo 30 segundos más.

2 Ponga los hígados en la sartén y fríalos 2 o 3 minutos, sin dejar de remover, hasta que se endurezcan y cambien de color por fuera pero aún conserven un color rosado y estén tiernos por dentro. Con una rasera, saque los higaditos de la sartén y páselos a una fuente o a platos individuales precalentados. Resérvelos calientes.

3 Vierta el jerez en la sartén y deje que hierva 3 o 4 minutos para que se evapore el alcohol y se reduzca un poco. Raspe el fondo de la sartén con una cuchara de madera para que toda la sustancia se disuelva en la salsa. Salpimiente a su gusto.

4 Vierta la salsa de jerez por encima de los higaditos y espolvoréelos con perejil. Adorne el plato con ramitas de perejil y sírvalo muy caliente, con pan crujiente o tostado para mojar en la salsa.

higaditos de pollo especiados

para 4-6 personas

115 g de harina

$^1/_2$ cucharadita de comino molido

$^1/_2$ cucharadita de cilantro molido

$^1/_2$ cucharadita de pimentón dulce

$^1/_4$ de cucharadita de nuez moscada
recién rallada

350 g de higaditos de pollo

6 cucharadas de aceite de oliva

sal y pimienta, ramitas de menta

SUGERENCIA

En los grandes supermercados suelen vender higaditos de pollo envasados en tarrinas de plástico. Por supuesto, en el mercado también se pueden comprar, a peso.

1 Ponga la harina en un plato llano y mézclela con el comino, el cilantro, el pimentón y la nuez moscada. Salpimiente al gusto.

2 Recorte cualquier impureza de los higaditos y séquelos con papel de cocina. Córtelos por la mitad o en cuartos. Rebócelos bien con harina, aunque no en exceso.

3 Caliente el aceite en una sartén de base gruesa y fría los higaditos, en tandas, a fuego fuerte y removiéndolos a menudo, de 3 a 5 minutos o hasta que estén crujientes por fuera y tiernos por dentro. Sírvalos pinchados con palillos y adornados con ramitas de menta.

alitas de pollo con aliño de tomate

para 6-8 personas

175 ml de aceite de oliva

3 dientes de ajo picados

1 cucharadita de comino molido

1 kg de alitas de pollo

2 tomates, pelados, sin semillas
(véase página 167) y en dados

5 cucharadas de vinagre blanco

1 cucharada de albahaca troceada

VARIACIÓN

También puede preparar muslos de pollo siguiendo la misma receta, aunque tendrá que asarlos durante más tiempo, de 25 a 30 minutos. Haga la misma prueba que con las alitas para ver si están bien hechos.

---

1 Precaliente el horno a 180 °C. Mezcle 1 cucharada de aceite, el ajo y el comino en una fuente llana. Deseche las puntas de las alitas de pollo. Ponga las alitas en la fuente y úntelas bien con la mezcla especiada. Tápelas bien con film transparente y déjelas macerar en un lugar fresco durante 15 minutos.

2 Caliente 3 cucharadas de aceite en una sartén de base gruesa y fría las alitas de pollo, en tandas y removiéndolas a menudo, hasta que estén bien doradas. Páselas a una fuente para asados.

3 Ase las alitas de 10 a 15 minutos o hasta que estén tiernas y salga un jugo transparente al pincharles la parte más carnosa con la punta de un cuchillo afilado.

4 Mientras tanto, mezcle en un bol el resto del aceite con el tomate, el vinagre de vino blanco y la albahaca.

5 Con unas pinzas, pase las alitas a un cuenco que no sea metálico. Vierta el aliño por encima de forma que queden bien impregnadas. Tape el recipiente con film transparente y déjelo en el frigorífico 4 horas. Sáquelo de 30 a 60 minutos antes de servirlo para que esté a temperatura ambiente.

rollitos de pollo con aceitunas

para 6-8 personas

115 g de aceitunas negras en
   aceite, escurridas, y 2 cucharadas
   del aceite

140 g de mantequilla, blanda

4 cucharadas de perejil picado

4 pechugas de pollo sin hueso ni piel

1 Precaliente el horno a 200 °C.
Quite el hueso a las aceitunas
y trocéelas. Mézclelas con la
mantequilla y el perejil en un bol.

2 Ponga las pechugas de
pollo entre dos hojas de film
transparente y golpéelas suavemente
con una maza o un rodillo.

3 Unte las pechugas con la
mantequilla de aceitunas y
enróllelas. Sujételas con un palillo
o átelas con hilo de cocina si es
necesario.

4 Ponga los rollitos de pollo en la
bandeja del horno. Rocíelos con
el aceite de las aceitunas y áselos al
horno de 45 a 55 minutos o hasta
que estén tiernos y salga un líquido
transparente al pincharlos con un
cuchillo.

5 Pase los rollitos a una tabla de
picar y deseche los palillos o el
hilo. Con un cuchillo afilado, corte los
rollitos en rodajas y sírvalas en platos
individuales precalentados.

VARIACIÓN

Puede sustituir el aceite de
las aceitunas por aceite a la
guindilla, que puede comprar o
bien preparar en casa: ponga
2 o 3 guindillas tailandesas con
medio litro de aceite de oliva en
un tarro o aceitera esterilizados
y déjelo 3 semanas.

croquetas crujientes de pollo y jamón

para 8 unidades

4 cucharadas de aceite de oliva
  o 60 g de mantequilla

4 cucharadas de harina

200 ml de leche

115 g de carne de pollo cocida,
  picada

55 g de jamón serrano o en dulce,
  picado muy fino

1 cucharada de perejil picado

1 pizca de nuez moscada rallada

1 huevo batido

pan blanco del día anterior, rallado

aceite de girasol, para freír

sal y pimienta

alioli (véase página 12), para
  acompañar

1 Caliente el aceite o la mantequilla en un cazo. Incorpore la harina y fríala a fuego suave, sin dejar de remover, durante 1 minuto. Aparte el cazo del fuego y vierta la leche poco a poco, removiendo para evitar que se formen grumos. Vuelva a poner el cazo a fuego lento y, removiendo constantemente, deje que la bechamel hierva hasta que se espese.

2 Retire el cazo del fuego, añada la carne de pollo picada y mézclelo. Agregue el jamón picado, el perejil y la nuez moscada, mézclelo todo y salpiméntelo al gusto. Extienda la pasta en un plato y déjela enfriar unos 30 minutos. Después, tápela con film transparente y déjela en el frigorífico 2 o 3 horas o toda la noche. No intente saltarse esta fase porque enfriar correctamente las croquetas evita que se deshagan al freírlas.

3 Cuando la pasta esté bien fría, ponga el huevo batido en un plato y el pan rallado en otro. Divida la pasta en 8 porciones del mismo tamaño y, con las manos humedecidas, dé forma cilíndrica a cada porción. Pase las croquetas, de una en una, por el huevo batido y luego rebócelas con el pan rallado. Póngalas en un plato y enfríelas en el frigorífico durante 1 hora aproximadamente.

4 Para freír las croquetas, caliente el aceite en una freidora, a 180-190 °C o hasta que un trocito de pan se dore en 30 segundos. Fría las croquetas, en tandas para evitar que baje la temperatura del aceite, de 5 a 10 minutos o hasta que estén doradas y crujientes. Sáquelas del aceite con una rasera y déjelas escurrir sobre papel de cocina.

5 Sirva las croquetas de pollo y jamón muy calientes, adornadas con ramitas de perejil y acompañadas de alioli en una salsera aparte.

Montaditos

Teniendo en cuenta la evolución de las tapas desde una mera rebanada de pan sobre la que se colocaban ingredientes sencillos hasta una cocina cosmopolita y variada que se disfruta en todo el mundo, es obligado terminar el libro con una selección de recetas basadas en el pan, unas tradicionales y otras que tienen mucho en común con la cocina de otros países.

Los montaditos de gambas (página 248) son, de hecho, parecidos a una pizza. Existen muchas variaciones de montaditos que se preparan con los ingredientes clásicos de las pizzas, por ejemplo, anchoas, pimiento y jamón con muy poco queso. También se incluyen en este capítulo la pizza de chorizo (página 252), un plato de estilo italiano con un toque español, y otras tapas con el pan como protagonista.

coca de hortalizas y almejas

para 4-6 personas

2 cucharadas de aceite de oliva
   virgen extra

4 dientes grandes de ajo, chafados

2 cebollas grandes, en rodajas finas

10 pimientos del piquillo (véase
   página 160), escurridos, secados
   y cortados en finas rodajas

250 g de almejas cocidas, con
   la concha

sal y pimienta

MASA

400 g de harina, y un poco más
   para espolvorear

1 sobre de levadura para pan

1 cucharadita de sal

$\frac{1}{2}$ cucharadita de azúcar

1 cucharada de aceite de oliva

1 cucharada de vino blanco seco

225 ml de agua templada

1 Para preparar la masa, ponga la harina, la levadura, la sal y el azúcar en un bol y haga un hueco en el centro. Mezcle el aceite de oliva y el vino con el agua y vierta un poco del líquido en el hueco. Mézclelo con la harina removiendo de fuera adentro, y vaya añadiendo el líquido que haga falta para obtener una masa suave.

2 Ponga la masa sobre una superficie enharinada, trabájela hasta que esté suave y haga una bola con ella. Lave el bol y úntelo de aceite. Ponga la masa en el bol y hágala rodar para que quede bien impregnada de aceite. Cúbrala con film transparente y déjela reposar en un lugar templado hasta que doble su volumen.

3 Caliente el aceite de oliva en una sartén de base gruesa, a fuego medio. Reduzca la intensidad del fuego, incorpore el ajo y la cebolla y sofríalos suavemente, removiendo a menudo, durante 25 minutos o hasta que la cebolla esté dorada, aunque sin llegar a quemarse.

4 Precaliente el horno a 230 °C. Pase la cebolla a un bol y deje que se enfríe. Añada las tiras de pimiento y las almejas, mézclelo todo y resérvelo.

5 Coja la masa y trabájela con rapidez sobre una superficie enharinada. Tápela con un cuenco y déjela reposar durante 10 minutos más, para que se estire mejor.

6 Enharine bien una bandeja para el horno de unos 32 x 32 cm. Estire la masa en un cuadrado de unos 34 cm de lado, póngalo en la bandeja y arrugue un poco los bordes. Pinche la base por todas partes con un tenedor.

7 Extienda los ingredientes por encima de la masa de manera uniforme y salpiméntelo. Hornee la coca durante 25 minutos o hasta que los bordes estén dorados y la cebolla, un poco chamuscada. Ponga la coca en una rejilla y deje que se enfríe del todo. Cuando esté fría, córtela en unos 12 o 16 trozos.

montaditos con dos ensaladillas

cada ensalada da para 12-14 rebanadas

ENSALADILLA DE PATATA

200 g de patatas nuevas hervidas
con la piel

$^1/_2$ cucharada de vinagre de vino
blanco

3-4 cucharadas de mayonesa

2 huevos duros, troceados

2 cebolletas troceadas (tanto la
parte blanca como la verde)

1 barra grande de pan

sal y pimienta

12-14 aceitunas negras, sin hueso y
en rodajas, para adornar

ENSALADILLA DE ATÚN

200 g de atún en aceite de oliva,
escurrido

4 cucharadas de mayonesa

2 huevos duros, troceados

1 tomate asado, pelado, sin
semillas (véase página 167)
y troceado

2 cucharaditas de ralladura de
limón, o al gusto

cayena molida, al gusto

1 barra grande de pan

sal y pimienta

12-14 filetes de anchoa en aceite,
escurridos, para adornar

1 Para hacer la ensaladilla de patata, pele las patatas en cuanto se hayan enfriado lo suficiente y córtelas en dados de unos 5 mm. Alíñelas con el vinagre y salpiméntelas al gusto. Déjelas enfriar completamente. Agregue la mayonesa, el huevo y las cebolletas y mezcle bien. Pruebe la ensaladilla y rectifíquela de sal y pimienta si es necesario. Corte el pan en rebanadas diagonales de unos 5 mm de grosor y ponga ensaladilla encima. Adórnela con las aceitunas.

2 Para preparar la ensaladilla de atún, desmenuce el atún en un bol. Incorpore la mayonesa, el huevo, el tomate, la ralladura de limón y la cayena y mézclelo todo. Pruebe la ensaladilla y rectifíquela de sal y pimienta si es necesario. Corte el pan en rebanadas diagonales de unos 5 mm de grosor y ponga ensaladilla encima. Adórnela con los filetes de anchoa.

pan frito picante con chorizo

para 6-8 personas

200 g de chorizo, sin la piel

4 rebanadas gruesas de pan de
   hogaza de dos días atrás

aceite de oliva, para sofreír

3 dientes de ajo picados

2 cucharadas de perejil picado

pimentón, para adornar

SUGERENCIA

Para esta receta escoja un tipo de
chorizo blando porque, aunque
no se hayan curado durante
mucho tiempo, son los que
suelen tener mayor proporción
de grasa, lo cual los hace muy
adecuados para freír. También
puede usar jamón serrano
cortado en tacos o salchicha
al ajo.

1 Corte el chorizo en rodajas de un grosor aproximado de 1 cm, y el pan en dados de también 1 cm. Cubra el fondo de una sartén de base gruesa con aceite de oliva. Caliéntelo y sofría el ajo de 30 segundos a 1 minuto, o hasta que esté ligeramente dorado.

2 Añada los dados de pan a la sartén y fríalos, sin dejar de remover, hasta que estén dorados y crujientes. Agregue el chorizo y sofríalo 1 o 2 minutos, o hasta que esté caliente. Con una rasera, retire el pan y el chorizo de la sartén y escúrralos bien sobre papel de cocina.

3 Ponga el pan y el chorizo en una fuente precalentada, esparza por encima el perejil picado y remueva bien. Adorne el plato con pimentón y sírvalo templado. Lleve palillos a la mesa para pinchar un trozo de pan y uno de chorizo a la vez.

montaditos de judías y chorizo

para 6 personas

3 dientes de ajo

4 cucharadas de aceite de oliva

1 cebolla picada

140 g de chorizo para freír, en
  rodajas

800 g de judías blancas hervidas,
  escurridas y aclaradas

6 rebanadas de pan de hogaza

4 tomates troceados

sal y pimienta

ramitas de perejil, para adornar

1 Corte 2 de los ajos en rodajas
finas. Caliente la mitad del aceite
en una sartén de base gruesa y sofría
la cebolla y el ajo a fuego lento,
removiendo de vez en cuando, durante
5 minutos o hasta que se ablanden.
Corte las rodajas de chorizo en dos.

VARIACIÓN

También puede usar judías
de otro tipo, para dar un toque
distinto al plato. Pruebe con
judías rojas o pintas.

2 Añada el chorizo a la sartén y
sofríalo 2 minutos más. Incorpore
las judías y salpimiente el guiso al
gusto.

3 Tueste el pan por ambos lados.
Mientras tanto, agregue el tomate
a la sartén.

4 Corte el diente de ajo restante
por la mitad, frote con él las
tostadas y rocíelas con un poco de
aceite de oliva.

5 Ponga el pan en platos
individuales y reparta la mezcla
de chorizo y judías entre las rebanadas.
Sírvalas inmediatamente, decoradas
con ramitas de perejil.

montaditos de puré de judías

para 4 personas

225 g de judías blancas secas
1/2 cebolla picada
2 cucharadas de aceite de oliva
2 cucharadas de menta fresca picada
4 rebanadas de pan de hogaza
sal y pimienta

SUGERENCIA

Tape el bol con el puré de judías con film transparente y guárdelo en el frigorífico hasta que vaya a servirlo, siempre a temperatura ambiente.

1 Ponga las judías en un bol y cúbralas con agua. Déjelas en remojo 4 horas o, mejor, toda la noche. Después, escúrralas.

2 Ponga las judías en una olla, con la cebolla. Vierta suficiente agua para cubrir las judías y llévelas a ebullición. Cuézalas durante 1 1/2 horas o hasta que estén tiernas. Escúrralas y déjelas enfriar un poco.

3 Tueste el pan por ambos lados. Pase las judías al recipiente de una batidora y bátalas hasta obtener un puré. Ponga el puré en un cuenco, añádale el aceite de oliva y la menta y salpiméntelo al gusto. Repártalo entre las tostadas y sirva los montaditos a temperatura ambiente.

montaditos de brandada

para 6 personas

200 g de bacalao salado

5 dientes de ajo

225 ml de aceite de oliva

225 ml de nata enriquecida

6 rebanadas gruesas de pan

pimienta

1 Ponga el bacalao en un bol grande, cúbralo con agua fría y déjelo en remojo 48 horas; cambie el agua tres veces o según le aconsejen en la bacaladería. Escúrralo bien, córtelo en trozos y póngalo en una sartén grande. Cúbralo con agua fría y llévelo a ebullición. Cuézalo de 8 a 10 minutos o hasta que esté tierno. Escúrralo bien y deje que se entibie.

2 Trocee 4 de los ajos. Corte el otro por la mitad y resérvelo.

3 Separe y deseche la piel del bacalao. Desmenuce la carne y póngala en el recipiente de una batidora.

4 Vierta el aceite de oliva en un cazo y añada el ajo troceado. Llévelo a ebullición a fuego lento. Vierta la nata enriquecida en otro cazo y llévela a ebullición a fuego lento. Retire ambos cazos del fuego.

5 Bata un poco el pescado. Con la batidora en marcha, añada un poco del aceite al ajo y bátalo. Con el motor siempre en marcha, incorpore un poco de nata y bátalo. Continúe con el proceso hasta haber añadido todo el aceite al ajo y toda la nata. Pase la brandada a una salsera y sazónela con pimienta.

6 Tueste el pan por ambos lados, frótelo con el ajo reservado, ponga encima cucharadas de brandada de bacalao y sirva los montaditos.

pan con tomate

para 4 personas

rebanadas de pan

tomates

ajo (opcional)

aceite de oliva

1 Frote el pan con la mitad de un tomate maduro y luego eche un chorrito de aceite de oliva por encima. Si el pan está demasiado blando, tuéstelo. Si lo desea, antes de untar el tomate frote las tostadas con ajo.

montaditos variados

para 4-6 personas

12 rebanadas de pan rústico

12 tomates, pelados, sin semillas
(véase página 167) y en dados

8 dientes de ajo picados

unos 375 ml de aceite de oliva

sal y pimienta

MONTADITOS DE JAMÓN

2 lonchas de jamón, en tiras

8 alcaparras, escurridas y aclaradas

MONTADITOS DE CHORIZO Y QUESO

8 rodajas de chorizo curado

55 g de queso manchego o
cheddar, cortado fino

2 aceitunas rellenas de pimiento,
partidas por la mitad

MONTADITOS DE ANCHOAS

12 filetes de anchoa en aceite,
escurridos

6 aceitunas rellenas de anchoa

SUGERENCIA

Puede preparar montaditos más
pequeños con pan francés,
o también puede cortar círculos
en rebanadas de pan integral
o pan de cereales.

1 Tueste el pan por ambos lados. Mientras tanto, ponga el tomate en un bol, cháfelo con un tenedor y mézclelo con el ajo. Unte todas las tostadas con el tomate, salpimiéntelas y rocíelas con aceite de oliva.

2 Para los montaditos de jamón y alcaparras, ponga las tiras de jamón en forma de «S» en 4 tostadas, y alcaparras en los huecos del jamón.

3 Para los montaditos de chorizo y queso, ponga 2 trozos de chorizo sobre 4 tostadas y un trozo de queso por encima. Adórnelos con aceitunas.

4 Para el resto de los montaditos, enrolle los filetes de anchoa y ponga 3 rollitos sobre cada una de las 4 tostadas. Coloque media aceituna en el centro de cada rollito.

pan con tomates a la plancha

para 4 personas

3 cucharadas de aceite de oliva

6 tomates, en rodajas gruesas

4 rebanadas de pan de hogaza

1 diente de ajo, partido en dos

4 cucharaditas de vinagre de jerez

sal y pimienta

VARIACIÓN

Añada unas virutas de queso manchego, ibérico o cualquier otra clase de queso duro.

1 Caliente la plancha y úntela con 1 cucharada de aceite de oliva. Ase las rodajas de tomate a fuego fuerte durante 2 minutos por cada lado, o hasta que se hayan ablandado y empiecen a chamuscarse.

2 Mientras tanto, tueste las rebanadas de pan por ambos lados y frótelas con ajo, también por los dos lados.

3 Reparta las rodajas de tomate entre las tostadas, rocíelas con aceite y vinagre, salpiméntelas y sírvalas.

rollitos de espárrago

para 8 personas

115 g de mantequilla, y para untar
8 espárragos trigueros, limpios
8 rebanadas de pan blanco de
   molde, sin la corteza
1 cucharada de perejil picado
la ralladura de 1 naranja
sal y pimienta

1 Precaliente el horno a 190 °C y engrase ligeramente la bandeja. Si le parece que los espárragos son un poco leñosos, pélelos. Átelos con hilo de cocina sin apretar demasiado y escáldelos en una olla con agua hirviendo de 3 a 5 minutos.

2 Aplaste un poco las rebanadas de pan con un rodillo. Mezcle en un bol 125 g de mantequilla con el perejil y la ralladura de naranja y salpiméntelo al gusto. Unte el pan con la mantequilla condimentada.

3 Enrolle un espárrago con cada una de las rebanadas de pan y coloque los rollitos en la bandeja, con la juntura hacia abajo.

4 Derrita un poco de mantequilla en una sartén pequeña y unte con ella los rollitos de espárrago. Hornéelos durante 15 minutos o hasta que estén dorados y crujientes. Déjelos enfriar un poco y sírvalos tibios.

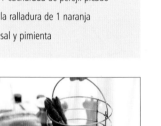

SUGERENCIA

Si no es época de espárragos trigueros, cómprelos congelados. Descongélelos antes de usarlos y omita el paso 1. Las conservas no sirven para esta receta.

rollitos de anchoa

para 4 personas

mantequilla, para untar y engrasar

8 anchoas saladas

50 ml de leche

4 rebanadas de pan de molde

1 cucharada de mostaza de Dijon

2 cucharadas de queso manchego
  o cheddar, rallado

SUGERENCIA

Cada vez es más fácil encontrar anchoas saladas envasadas. Como son muy saladas, tendrá que remojarlas. Si no encuentra anchoas enteras en sal, use 12 filetes de anchoa en aceite. También son bastante salados, pero ponerlos en remojo o no es cuestión de gustos.

1 Precaliente el horno a 220 °C y engrase ligeramente la bandeja. Ponga las anchoas en un plato llano, vierta la leche por encima y déjelas en remojo de 10 a 15 minutos. Escúrralas y séquelas con papel de cocina.

2 Corte y deseche la corteza del pan. Unte las rebanadas con mantequilla primero y con mostaza después. Espolvoréelas con el queso rallado. Reparta las anchoas entre las rebanadas y enróllelas.

3 Ponga los rollitos en la bandeja del horno, con la juntura hacia abajo, y hornéelos 6 o 7 minutos. Déjelos enfriar un poco y sírvalos.

montaditos de pimiento

para 4-6 personas

2 pimientos rojos, cortados por la
  mitad y sin semillas

3 dientes de ajo

2 cucharaditas de alcaparras,
  aclaradas y partidas por la mitad

4 cucharadas de perejil picado

1 cucharada de zumo de limón

1 cucharadita de comino molido

2 cucharaditas de azúcar

55 g de aceitunas negras, sin hueso
  y troceadas

1 barra de pan

2 cucharadas de aceite de oliva

VARIACIÓN

Prepare una pasta de aceitunas
y berenjenas. Sustituya los
pimientos por 1 berenjena
grande o 2 medianas. Píncheles
la piel y áselas al horno a 200 °C
durante 30 minutos o hasta que
se hayan ablandado. Déjelas
enfriar un poco, pélelas y ponga
la pulpa en el recipiente de una
batidora. A partir de ahí, prosiga
con el paso 2.

1 Precaliente el grill al máximo.
Ponga los pimientos, con la piel
hacia arriba y en una sola capa, en la
bandeja del horno. Áselos bajo el grill
de 8 a 10 minutos o hasta que la piel
se tueste y se arrugue. Con unas
pinzas, ponga los pimientos en una
bolsa de plástico, átela y déjelos
reposar. Cuando estén tibios, pélelos.

2 Trocee 1 diente de ajo. Póngalo
en el recipiente de una batidora
con el pimiento, las alcaparras, el
perejil, el zumo de limón, el comino y
el azúcar y bátalo hasta obtener una
salsa suave. Viértala en un bol y añada
las aceitunas.

3 Corte la corteza del pan y
deséchela. Luego, córtelo en
rebanadas y tuéstelas por ambos
lados. Corte el resto del ajo por la
mitad, frote bien las rebanadas de pan
y úntelas con aceite de oliva.

4 Con una cuchara, ponga pasta
de pimiento sobre las tostadas,
y sirva los montaditos en una fuente
llana.

montaditos de cebolla y aceitunas

para 4-8 personas

2 cucharadas de aceite de oliva

1 cebolla cortada en rodajas finas

1 diente de ajo picado

2 cucharaditas de tomillo fresco

1 barra de pan pequeña

1 cucharada de *tapenade* o
   mantequilla

8 filetes de anchoa en aceite

12 aceitunas rellenas de almendra
   o cebolla, partidas por la mitad

sal y pimienta

SUGERENCIA

La *tapenade* es una pasta de origen francés hecha con aceitunas negras y alcaparras cuyo sabor combina muy bien con esta receta. Las aceitunas rellenas de almendra o cebolla se pueden sustituir por otras rellenas de pimiento o de anchoa, o bien por aceitunas negras sin hueso.

1 Caliente el aceite de oliva en una sartén de base gruesa y sofría la cebolla y el ajo, a fuego lento y removiendo de vez en cuando, durante 15 minutos o hasta que estén dorados y muy tiernos. Incorpore el tomillo picado y salpimiente el sofrito al gusto.

2 Mientras tanto, corte la corteza del pan y deséchela. Después, corte 8 rebanadas, tuéstelas por ambos lados y úntelas con *tapenade* o mantequilla.

3 Reparta el sofrito de cebolla entre las tostadas y póngales un filete de anchoa y las aceitunas por encima. Sirva los montaditos calientes.

montaditos de gambas

para 4 personas

3 dientes de ajo

4 cucharadas de aceite de oliva

1 cebolla picada

400 g de judías blancas de tarro,
escurridas y aclaradas

4 tomates cortados en dados

4 rebanadas de pan de hogaza

280 g de gambas cocidas
y peladas

sal y pimienta

berros, para adornar

1 Corte 1 de los dientes de ajo por la mitad, resérvelo y pique el resto. Caliente 2 cucharadas de aceite de oliva en una sartén de base gruesa. Incorpore el ajo y la cebolla picados y sofríalos a fuego lento, removiendo de vez en cuando, durante 5 minutos o hasta que estén tiernos.

2 Agregue las judías y el tomate y salpimiente al gusto. Sofríalo suavemente 5 minutos más.

3 Mientras tanto, tueste el pan por ambos lados, frótelo con ajo y rocíelo con aceite.

4 Incorpore las gambas a las judías y caliéntelas suavemente durante 2 o 3 minutos. Reparta la preparación entre las tostadas y sirva los montaditos de inmediato, acompañados de berros.

montaditos de berenjena y queso de cabra

para 4 personas

5 cucharadas de aceite de oliva

2 berenjenas cortadas en rodajas

2 tomates partidos por la mitad

2 cucharaditas de tomillo fresco

115 g de queso de cabra

4 rebanadas de pan de hogaza

1 diente de ajo partido en dos

sal y pimienta

1 Caliente una parrilla, úntela con 1 cucharada de aceite de oliva y ase las berenjenas y los tomates a fuego medio, dándoles la vuelta de vez en cuando, durante 5 minutos. Pase las hortalizas a una tabla de picar y trocéelas gruesas.

2 Ponga la mezcla en un bol y añada el tomillo picado y la mitad del queso, desmenuzado. Rocíelo con 2 o 3 cucharadas de aceite, salpimiéntelo al gusto y mézclelo bien. Mientras tanto, precaliente el grill a intensidad media.

3 Tueste el pan bajo el grill, por ambos lados. Frote las tostadas con ajo y rocíelas con aceite.

4 Reparta la preparación de berenjena entre las tostadas y espolvoréelas con el queso restante. Dórelas bajo el grill 2 o 3 minutos, o hasta que estén muy calientes. Sirva los montaditos de inmediato.

SUGERENCIA
Si lo prefiere, puede tostar el pan a la plancha en lugar de hacerlo bajo el grill.

tortitas con espinacas y tomate

para 32 unidades

2 cucharadas de aceite de oliva, y
   un poco más para untar y rociar

1 cebolla picada

1 diente de ajo picado

400 g de tomate troceado de lata

125 g de espinacas muy tiernas

25 g de piñones

sal y pimienta

MASA DE PAN

100 ml de agua templada

$1/2$ cucharadita de levadura seca
   de panadería

1 pizca de azúcar

200 g de harina, y un poco más
   para espolvorear

$1/2$ cucharadita de sal

1 Para la masa, ponga el agua en un bol, espolvoree la levadura y el azúcar y déjelo en un lugar templado de 10 a 15 minutos o hasta que la mezcla esté espumosa.

2 Tamice la harina y la sal en un cuenco grande. Haga un hoyo en el centro y vierta el líquido. Mézclelo con una cuchara de madera. Amase la pasta con las manos hasta que se separe de las paredes del cuenco.

3 Ponga la masa en una superficie de trabajo enharinada y amásela durante 10 minutos o hasta que esté suave y elástica y no se pegue. Haga con ella una bola y póngala en un cuenco limpio. Cúbrala con un paño limpio humedecido y deje el cuenco en un sitio templado durante 1 hora, o hasta que la masa se haya hecho el doble de grande.

4 Para hacer el relleno, caliente el aceite de oliva en una sartén grande de base gruesa y fría la cebolla 5 minutos o hasta que esté blanda, pero sin llegar a dorarse. Añada el ajo y fríalo todo 30 segundos más. Incorpore el tomate y sofríalo otros 5 minutos, removiendo de vez en cuando, hasta que la salsa se espese. Añada las hojas de espinaca y cuézalas hasta que se ablanden un poco. Salpimiente la preparación al gusto.

5 Mientras la masa fermenta, precaliente el horno a 200 °C y unte con aceite de oliva varias bandejas para el horno. Vuelque la masa sobre una superficie de trabajo enharinada y amásela 2 o 3 minutos para que salgan las burbujas de aire.

6 Extienda la masa con el rodillo hasta dejarla muy fina y, con un cortapastas liso de 6 cm de diámetro, corte 32 círculos. Dispóngalos en las bandejas.

7 Ponga en cada círculo sofrito de tomate y espinacas y esparza por encima los piñones. Rocíe las tortitas con un poco aceite de oliva. Hornéelas de 10 a 15 minutos, o hasta que los bordes de la masa tengan un bonito color dorado, y sírvalas calientes.

pizza de chorizo

para 4-6 personas

6 tomates cortados en rodajas

2 cebollas picadas

12 aceitunas negras

4 lonchas de jamón serrano

10 rodajas de chorizo curado

2 cucharadas de una mezcla de
hierbas picadas

55 g de queso tronchón o
mozzarella, en lonchas finas

50 ml de aceite de oliva

sal y pimienta

BASE DE PIZZA

20 g de levadura fresca

250 g de harina, y un poco más
para espolvorear

250 ml de agua templada

1 pizca de sal

60 ml de aceite de oliva

SUGERENCIA

El tronchón es un queso
semicurado de Aragón, de leche
de cabra pero que también se
puede elaborar con leche de
oveja, y tiene un sabor intenso
y aromático. Sirve para guisar
y como aperitivo.

1 En primer lugar, prepare la base de la pizza. Mezcle la levadura con 80 g de harina y el agua en un bol. Déjelo reposar 10 minutos.

2 Mientras, tamice el resto de la harina y la sal en un cuenco y haga un hueco en el centro. Vierta el agua con levadura y el aceite. Con un robot de cocina, mézclelo bien de 5 a 10 minutos. Tape la masa con un paño y déjela en un sitio templado 1 hora o hasta que doble su volumen.

3 Precaliente el horno a 220 °C, con la bandeja dentro para que también se caliente. Sobre una superficie de trabajo enharinada, extienda la masa de la pizza en un círculo de unos 28 a 30 cm de diámetro; arrugue un poco los bordes.

4 Reparta el tomate sobre la base y sazónelo con sal al gusto. Ponga la cebolla por encima. Añada las aceitunas, el jamón y el chorizo y, para acabar, sazone la pizza con pimienta, espolvoréela con la mezcla de hierbas y el queso y rocíela con aceite de oliva.

5 Con cuidado, pase la pizza a la bandeja caliente y hornéela durante 30 minutos o hasta que el queso se haya derretido y los bordes estén ligeramente dorados. Corte la pizza en triángulos y sírvala.